Dicionário de Acordes
com cordas soltas

Jefferson Moreira

Editado por
Almir Chediak

Nº Cat.: DACCS

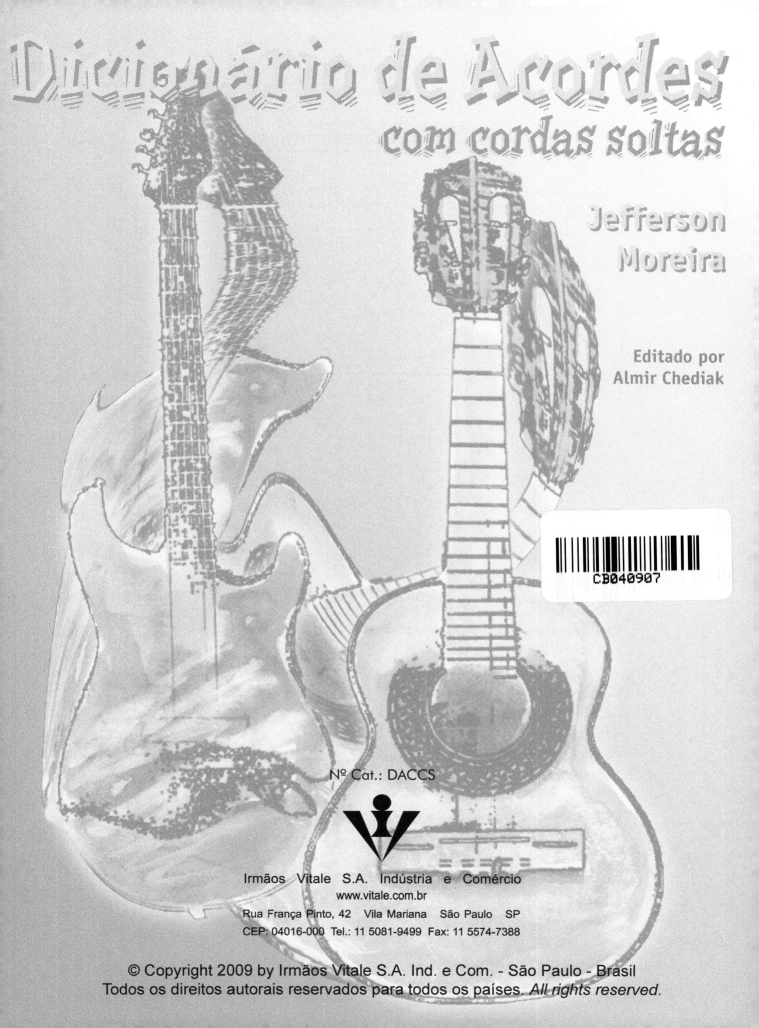

Irmãos Vitale S.A. Indústria e Comércio
www.vitale.com.br
Rua França Pinto, 42 Vila Mariana São Paulo SP
CEP: 04016-000 Tel.: 11 5081-9499 Fax: 11 5574-7388

© Copyright 2009 by Irmãos Vitale S.A. Ind. e Com. - São Paulo - Brasil
Todos os direitos autorais reservados para todos os países. *All rights reserved.*

CIP-BRASIL. CATALOGAÇÃO NA FONTE
SINDICATO NACIONAL DOS EDITORES DE LIVROS - RJ.

M836d

Moreira, Jefferson, 1970-
  Dicionário de acordes com cordas soltas / Jefferson Moreira. - São Paulo : Irmãos Vitale, 2010.
228p.

  ISBN 978-85-7407-286-9

  1. Violão - Métodos.
  2. Guitarra elétrica - Métodos.
  3. Instrumentos de corda - Dicionários.
      I. Título.

10-1746.

CDD: 787.3
CDU: 780.614.333

20.04.10   03.05.10   018700

Capa:
Bruno Liberati e Egeu Laus

Projeto gráfico, composição e diagramação:
Jefferson Moreira e Júlio César P. de Oliveira

Revisão musical:
Cacau Ferrari

Copidesque e revisão:
Nerval M. Gonçalves

Coordenação de produção:
Anna Paula Lemos

Dedico este trabalho à minha amada, Fabiola.
Fonte de inspiração e de vida.

AGRADECIMENTOS

Agradeço às pessoas sem as quais seria impossível realizar este trabalho: Nelson Faria (meu mestre), Almir Chediak e toda a sua equipe da Lumiar Editora, Fábio Barreiro e Antônio Alvim.

Agradeço especialmente à minha família: meus pais, Cid e Joany, e meus irmãos, Geórgia, Vinícius e Cíntia.

Agradeço também a todos os que, de alguma forma, contribuíram para a realização deste livro.

PREFÁCIO

Jefferson Moreira é o músico talentoso e dedicado que está nos brindando agora com este fantástico trabalho de pesquisa sobre como formar os acordes no braço do violão ou da guitarra, sempre utilizando as cordas soltas.

A utilização de acordes com cordas soltas gera um belo efeito, muito utilizado especialmente por violonistas e guitarristas brasileiros, que, de uma certa forma, chega até a ser uma das características do estilo brasileiro de tocar violão.

Jefferson fez uma pesquisa minuciosa em tipos diferentes de acordes e na maior variedade de tonalidades possível.

Este livro veio preencher uma lacuna na didática do violão e da guitarra, sendo de grande valia para todos nós.

Parabéns, Jefferson, este é um belo e importante trabalho.

A música e os músicos agradecem...

Nelson Faria

ÍNDICE

SOBRE O AUTOR   *10*

INTRODUÇÃO   *11*

PARTE I – DICIONÁRIO DE ACORDES

▣ ACORDES MAIORES

- dó maior   *15*
- ré bemol maior (dó sustenido maior)   *17*
- ré maior   *18*
- mi bemol maior (ré sustenido maior)   *20*
- mi maior   *22*
- fá maior   *24*
- fá sustenido maior (sol bemol maior)   *26*
- sol maior   *26*
- lá bemol maior (sol sustenido maior)   *28*
- lá maior   *29*
- si bemol maior (lá sustenido maior)   *30*
- si maior   *32*

▣ ACORDES DOMINANTES

- dó dominante   *33*
- ré bemol dominante (dó sustenido dominante)   *34*
- ré dominante   *36*
- mi bemol dominante (ré sustenido dominante)   *37*
- mi dominante   *39*
- fá dominante   *41*
- fá sustenido dominante (sol bemol dominante)   *42*
- sol dominante   *43*
- lá bemol dominante (sol sustenido dominante)   *45*
- lá dominante   *46*
- si bemol dominante (lá sustenido dominante)   *48*
- si dominante   *50*

▣ ACORDES MENORES

- dó menor   *51*
- dó sustenido menor (ré bemol menor)   *53*

- ré menor *56*
- mi menor *59*
- fá menor *62*
- fá sustenido menor (sol bemol menor) *64*
- sol menor *66*
- sol sustenido menor (lá bemol menor) *68*
- lá menor *70*
- si bemol menor (lá sustenido menor) *74*
- si menor *75*

▣ ACORDES MEIO-DIMINUTOS

- dó sustenido meio-diminuto (ré bemol meio-diminuto) *79*
- ré meio-diminuto *82*
- ré sustenido meio-diminuto (mi bemol meio-diminuto) *83*
- mi meio-diminuto *84*
- fá meio-diminuto *85*
- fá sustenido meio-diminuto (sol bemol meio-diminuto) *86*
- sol meio-diminuto *87*
- sol sustenido meio-diminuto (lá bemol meio-diminuto) *88*
- lá meio-diminuto *90*
- si bemol meio-diminuto (lá sustenido meio-diminuto) *91*
- si meio-diminuto *92*

▣ ACORDES SUSPENSOS

- dó suspenso *94*
- ré bemol suspenso (dó sustenido suspenso) *95*
- ré suspenso *96*
- mi bemol suspenso (ré sustenido suspenso) *97*
- mi suspenso *98*
- fá suspenso *99*
- fá sustenido suspenso (sol bemol suspenso) *99*
- sol suspenso *100*
- lá suspenso *101*
- si bemol suspenso (lá sustenido suspenso) *103*
- si suspenso *103*

▣ ACORDES DIMINUTOS

- dó diminuto *104*
- dó sustenido diminuto (ré bemol diminuto) *105*
- ré diminuto *107*
- ré sustenido diminuto (mi bemol diminuto) *109*

- mi diminuto *111*
- fá diminuto *112*
- fá sustenido diminuto (sol bemol diminuto) *114*
- sol diminuto *115*
- sol sustenido diminuto (lá bemol diminuto) *116*
- lá diminuto *118*
- lá sustenido diminuto (si bemol diminuto) *119*
- si diminuto *120*

PARTE II – PROGRESSÕES

▣ PROGRESSÕES NAS TONALIDADES MAIORES

- dó maior *126*
- ré bemol maior (dó sustenido maior) *131*
- ré maior *136*
- mi bemol maior (ré sustenido maior) *142*
- mi maior *147*
- fá maior *152*
- sol bemol maior (fá sustenido maior) *158*
- sol maior *162*
- lá bemol maior (sol sustenido maior) *167*
- lá maior *171*
- si bemol maior (lá sustenido maior) *176*
- si maior *181*

▣ PROGRESSÕES NAS TONALIDADES MENORES

- dó menor *187*
- dó sustenido menor (ré bemol menor) *190*
- ré menor *193*
- mi menor *196*
- fá menor *199*
- fá sustenido menor (sol bemol menor) *203*
- sol menor *207*
- lá bemol menor (sol sustenido menor) *210*
- lá menor *213*
- si bemol menor (lá sustenido menor) *214*
- si menor *219*

BIBLIOGRAFIA *223*

SOBRE O AUTOR

Jefferson Moreira nasceu na cidade do Rio de Janeiro em 1970. Começou a tocar guitarra com 11 anos de idade. Aos 18 entrou para a Musiarte, onde se formou nos cursos de Guitarra, Harmonia Funcional e Percepção.

Em 1991 entrou para a Universidade Estácio de Sá (Unesa), onde estudou com o guitarrista Nelson Faria (autor dos livros *A arte da improvisação, Acordes, arpejos e escalas para violão e guitarra* e *The Brazilian guitar book*).

Em 1992 fez o curso de Improvisação do Centro Ian Guest de Aperfeiçoamento Musical (CIGAM), novamente com o professor Nelson Faria.

Nos anos de 1993 e 1994 participou como guitarrista da banda que acompanhava o cantor Daniel Gonzaga.

No ano de 1994 formou-se Bacharel em Guitarra pela Unesa.

Em 1996 concluiu o curso de Arranjo do CIGAM ministrado pelos professores Flávio Paiva e Ian Guest.

Em 1997 terminou o curso de Composição do CIGAM, também com o professor Ian Guest. No mesmo ano, após graduar-se em Licenciatura/Música na Unesa, ministrou aulas de música, na qualidade de professor substituto da Universidade Federal do Rio de Janeiro, para turmas de 1º e 2º graus do Colégio de Aplicação dessa universidade.

Desde março de 1998 é professor de violão da Escola de Música do Centro de Ensino Técnico e Profissionalizante (Cetep) de Quintino Bocaiúva, subúrbio do Rio de Janeiro.

De 1992 até 1998 foi professor de guitarra do Conservatório Brasileiro de Música.

Desde junho de 1999 é professor de Educação Musical do Município do Rio de Janeiro.

Participou de *workshops* de música de diversos músicos brasileiros e estrangeiros, dentre os quais: Toninho Horta, Nico Assumpção, Ricardo Silveira, Victor Biglione, Torquato Mariano, Ian Guest, Carlos Malta, Hermeto Pascoal, Scott Henderson, Mike Stern, Frank Gambale, Joe Diorio etc.

Integra o quarteto instrumental Bossa, Jazz e Muito Mais, que constantemente se apresenta pelos palcos do Rio de Janeiro.

INTRODUÇÃO

Cada instrumento musical possui características particulares. Na guitarra uma, das mais "bonitas" características de timbre são os acordes formados com cordas soltas. O fato de você executar um acorde deixando uma ou mais cordas soltas gera um efeito que torna o acorde "cheio" e "bonito". Portanto, resolvi pesquisar vários desses acordes e, como o resultado da pesquisa tornou-se bastante interessante, decidi fazer este livro.

Eu não tenho a pretensão de revolucionar a harmonização na guitarra, até porque não tenho nada contra os acordes sem cordas soltas. Meu objetivo com este livro é oferecer ao leitor mais uma opção nas tantas "ferramentas musicais" deste nosso instrumento.

Apesar de estar sempre me referindo à guitarra, este livro também é indicado a violonistas, sem restrições.

O livro está dividido em duas partes: a primeira é um dicionário de acordes e a segunda são progressões utilizando alguns desses acordes.

Observe, abaixo, os diagramas dos acordes:

a) diagrama do acorde no estado fundamental:

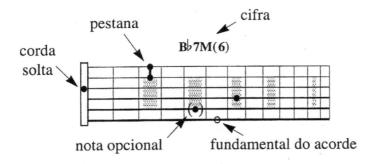

b) diagrama do acorde invertido:

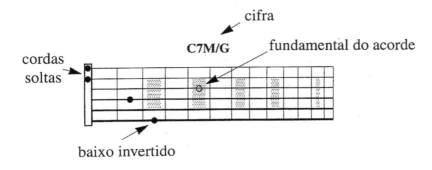

Para melhor entendimento dos acordes, gostaria de fazer uma comparação destes com palavras da língua portuguesa:

Vamos pegar a palavra **música** como exemplo. Agora vamos pegar palavras derivadas desta: musicólogo, musicista, musical, musicologia etc. Então **música** será a palavra primitiva e as outras serão as palavras derivadas.

Nos acordes também teremos os acordes *primitivos* e os *derivados*.

Ex.:

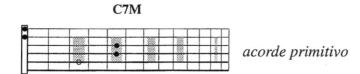

acorde primitivo

acordes derivados

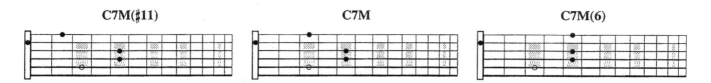

Observe que existe uma mudança apenas na nota da *ponta* (mais aguda) do acorde. Este raciocínio facilita a memorização dos acordes: só precisamos decorar o primeiro e entender os outros.

Muitos dos acordes encontrados neste livro podem parecer difíceis, à primeira vista. Lembra-se, quando você começou a tocar guitarra, como era penoso fazer as primeiras posições? Portanto, é preciso paciência e determinação. No caso de sentir dor, é melhor parar um pouco, a fim de evitar problemas na mão.

PARTE I
DICIONÁRIO DE ACORDES

ACORDES MAIORES

dó maior

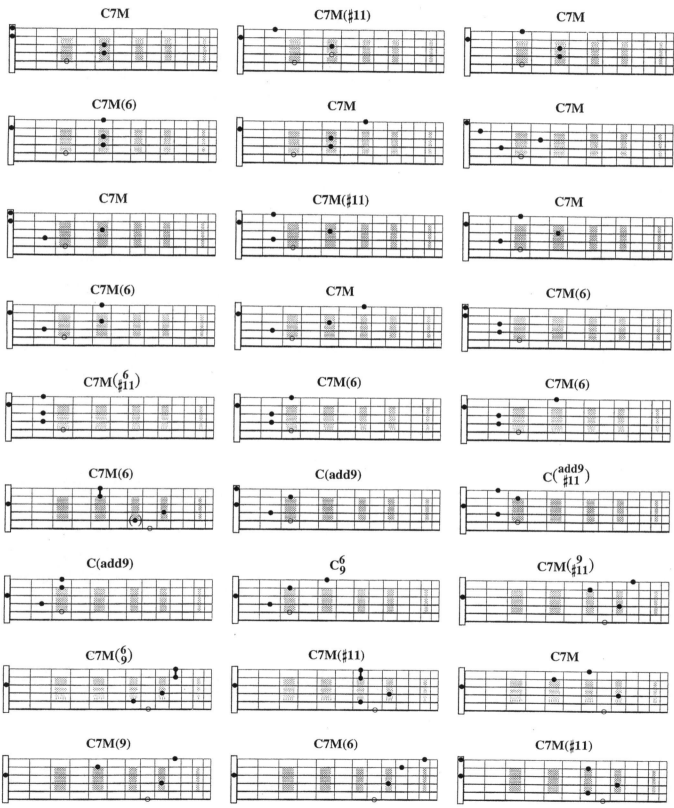

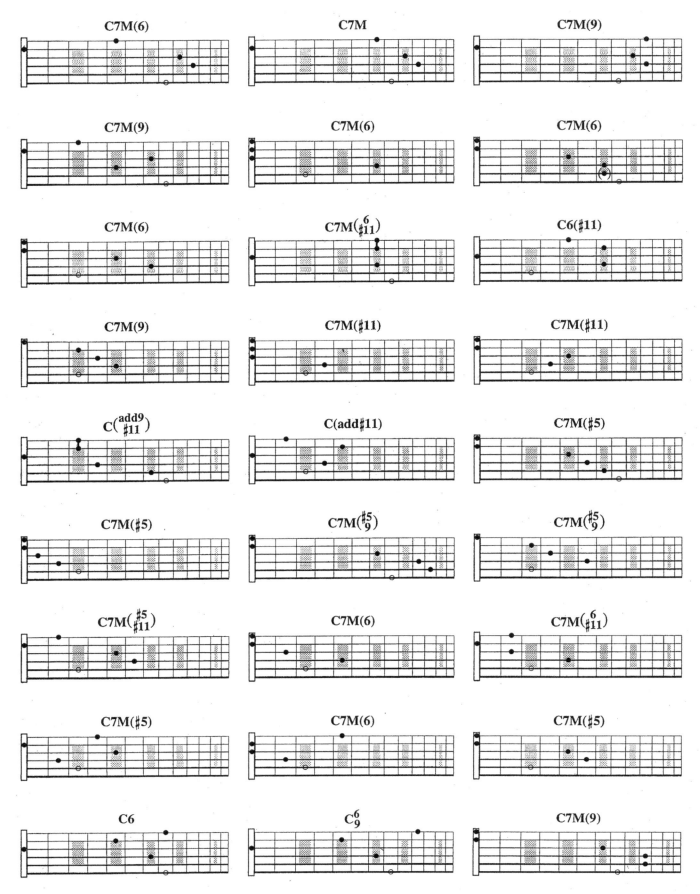

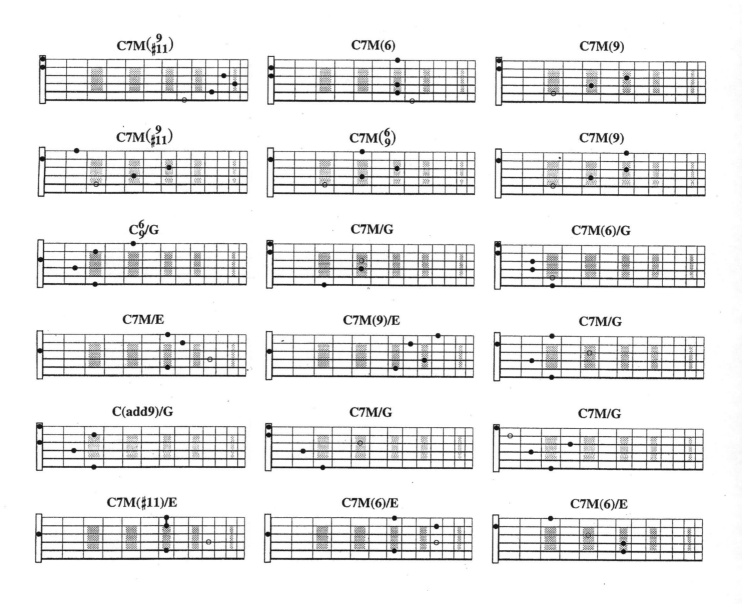

- **ré bemol maior (dó sustenido maior)**

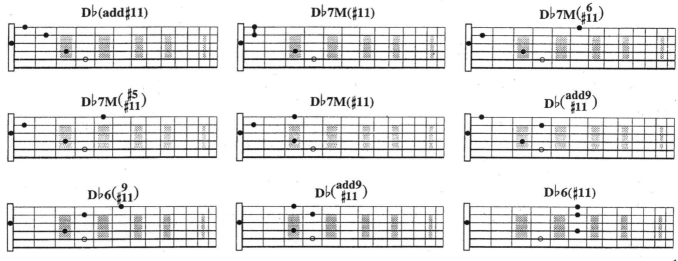

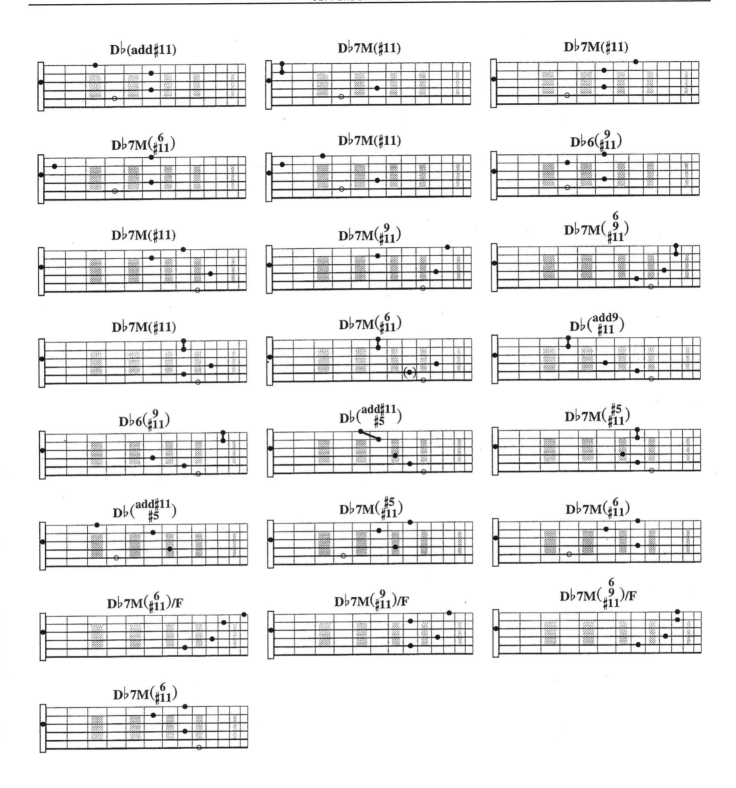

- ré maior

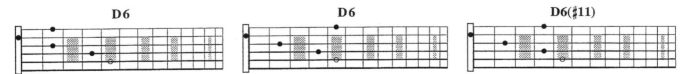

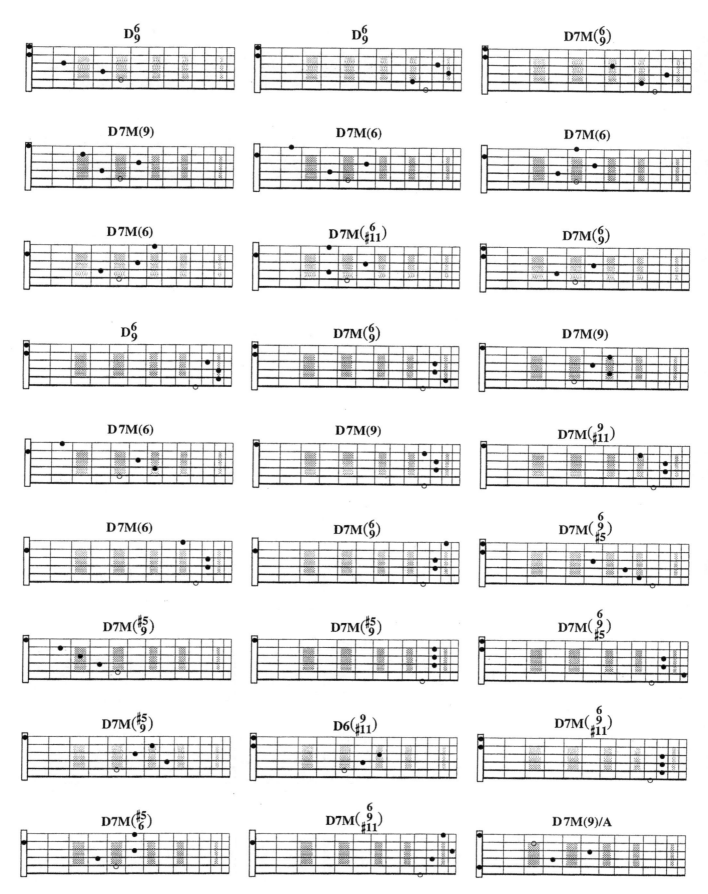

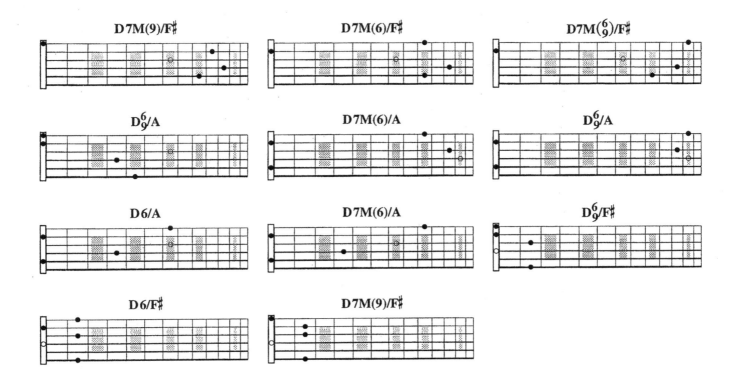

- mi bemol maior (ré sustenido maior)

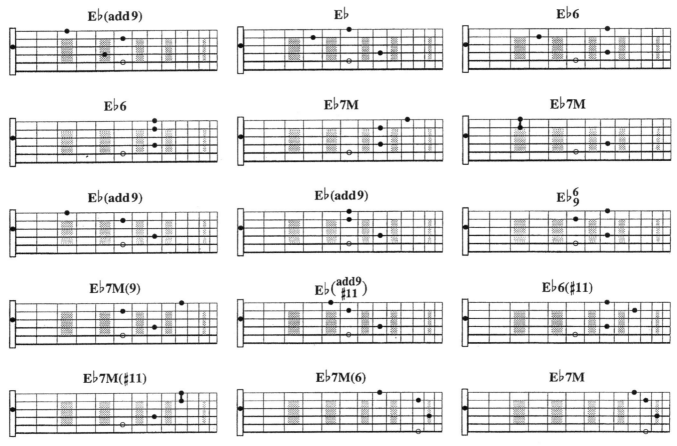

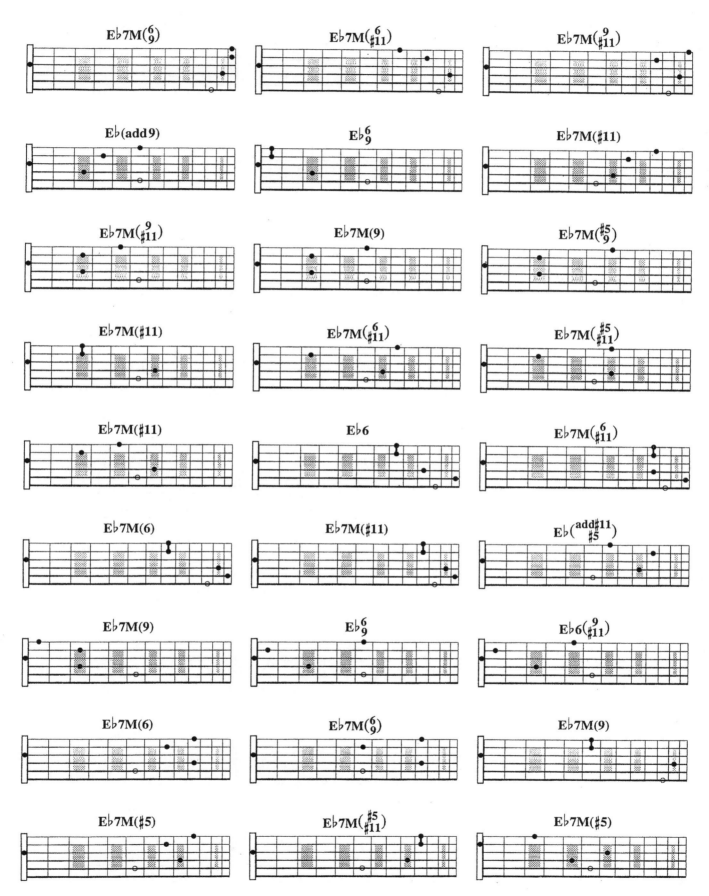

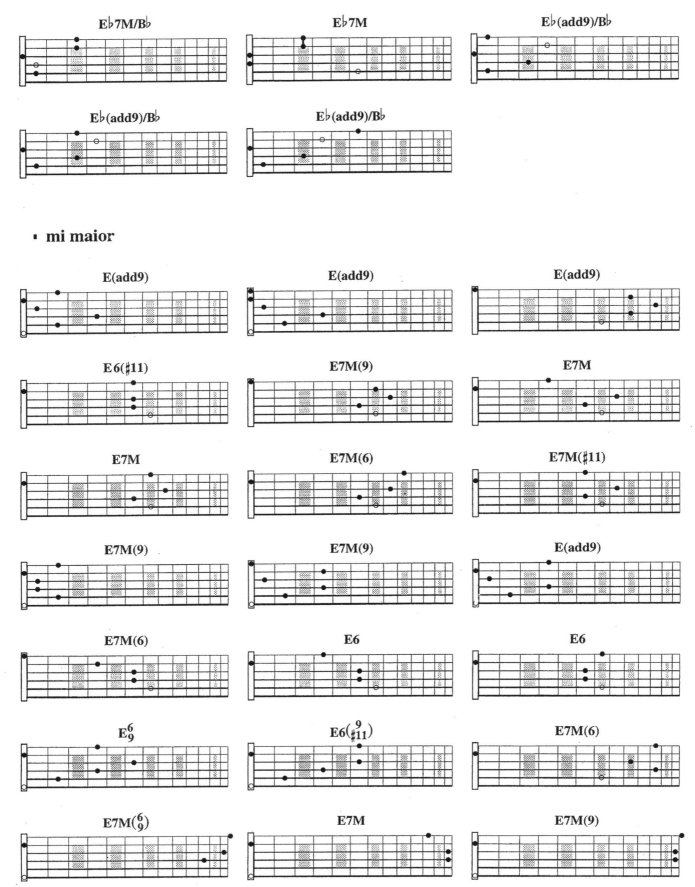

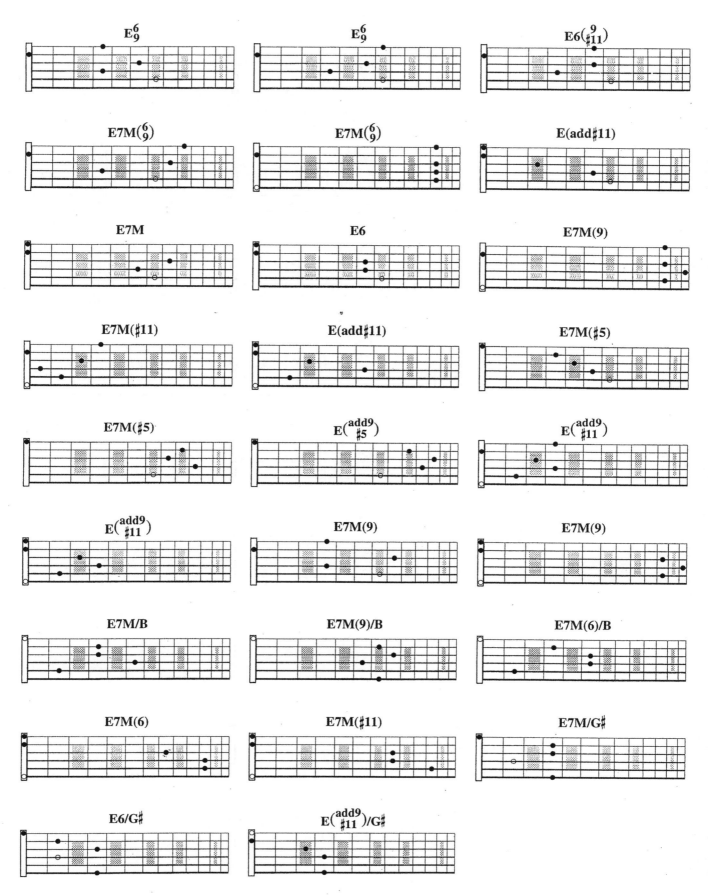

fá maior

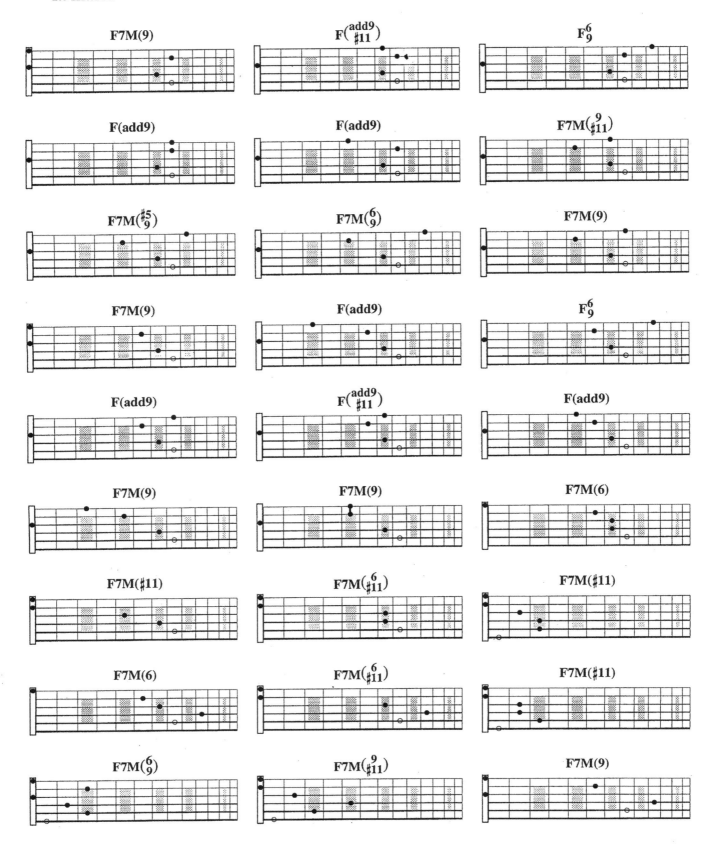

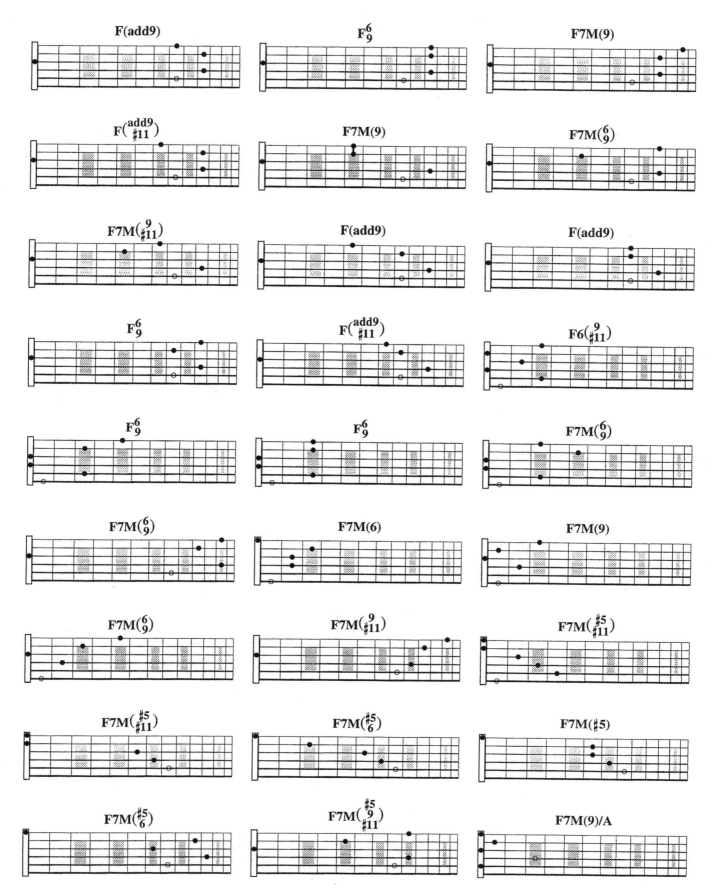

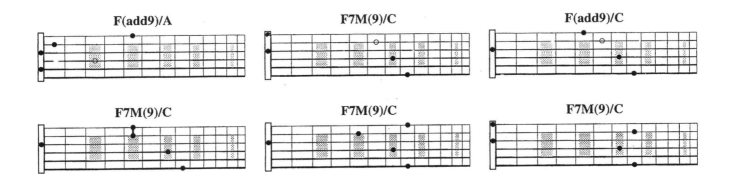

- **fá sustenido maior (sol bemol maior)**

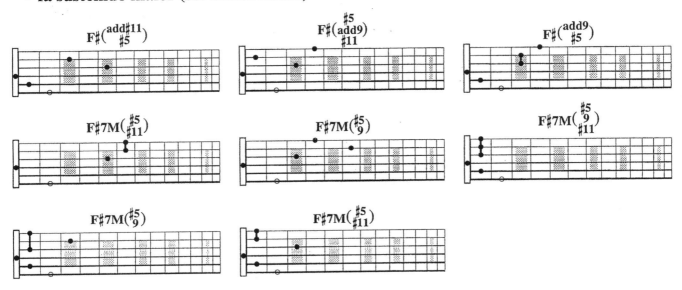

- **sol maior**

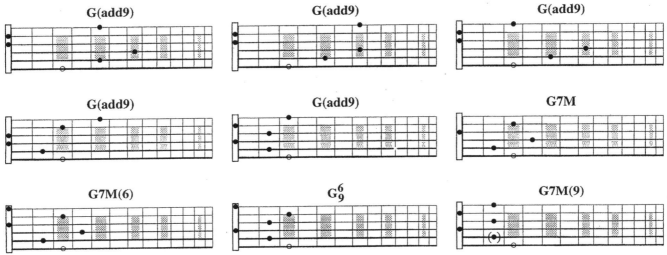

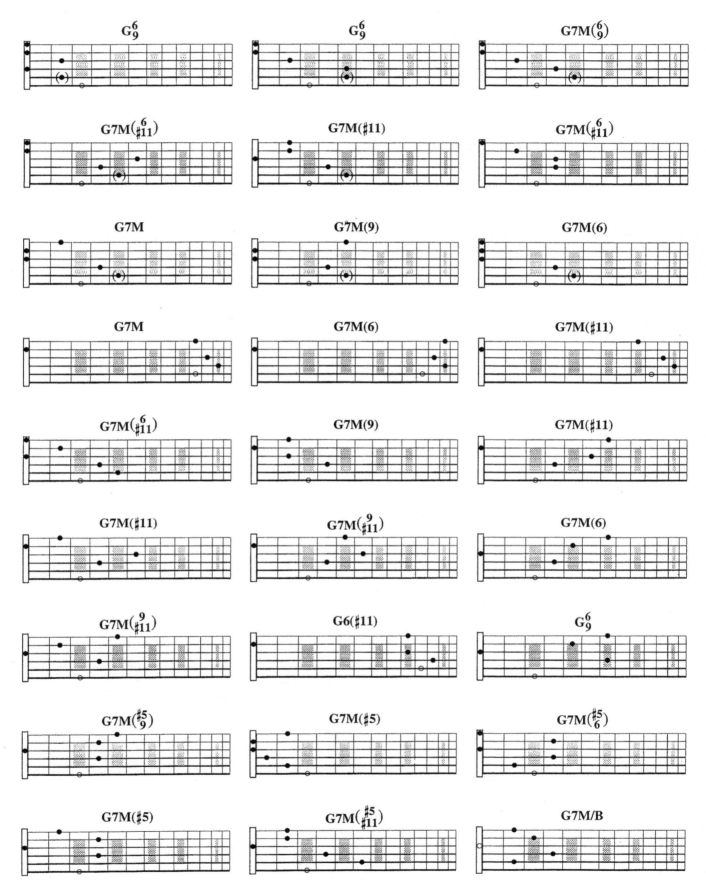

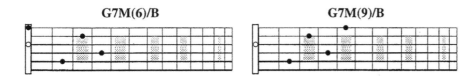

- **lá bemol maior (sol sustenido maior)**

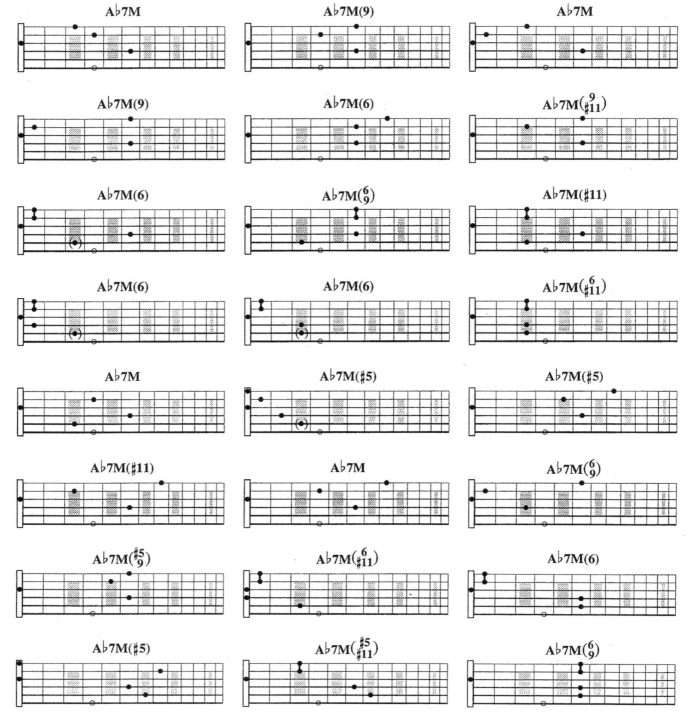

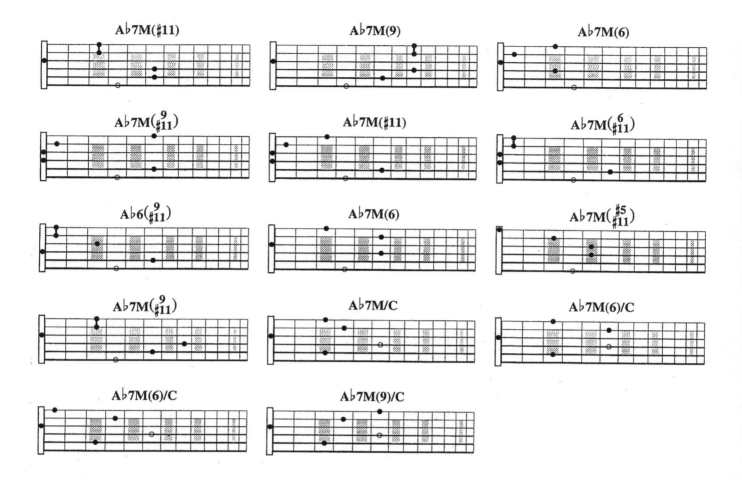

- **lá maior**

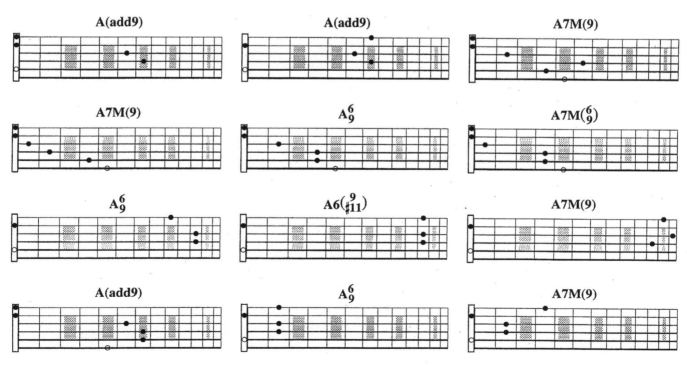

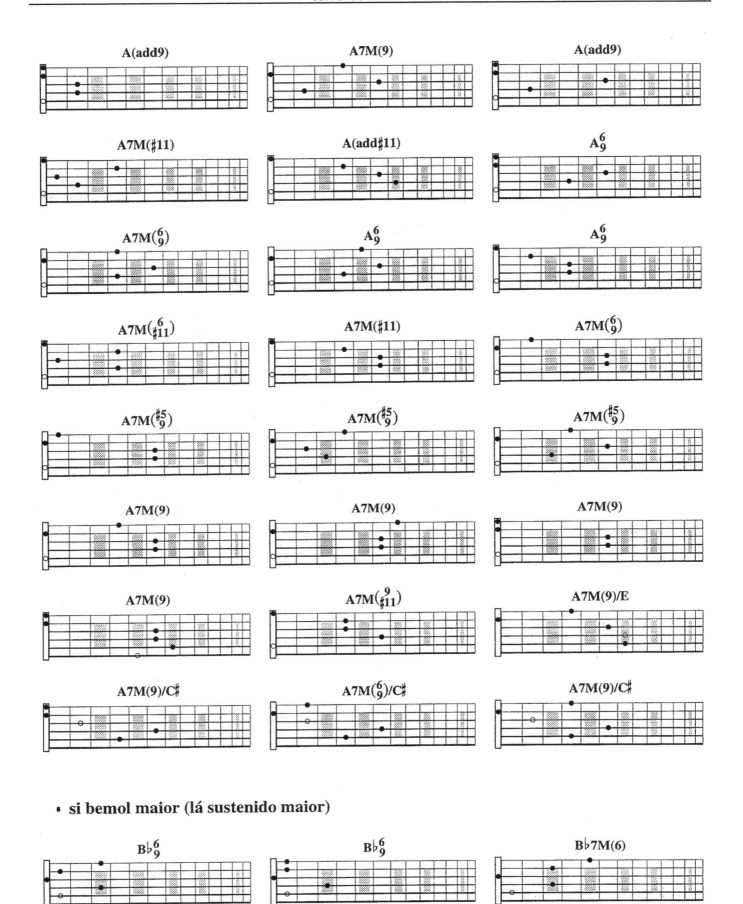

- **si bemol maior (lá sustenido maior)**

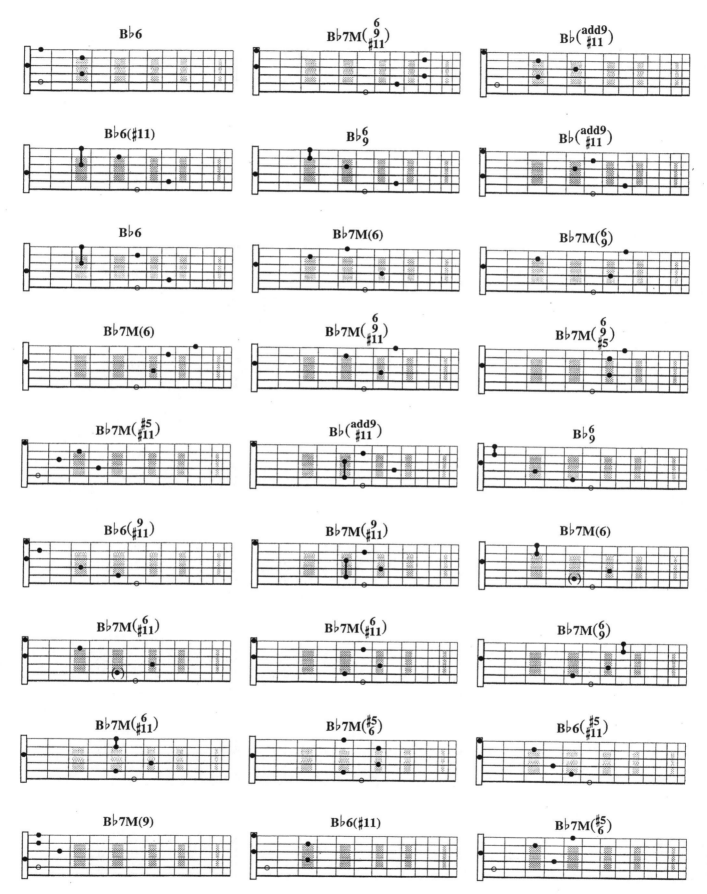

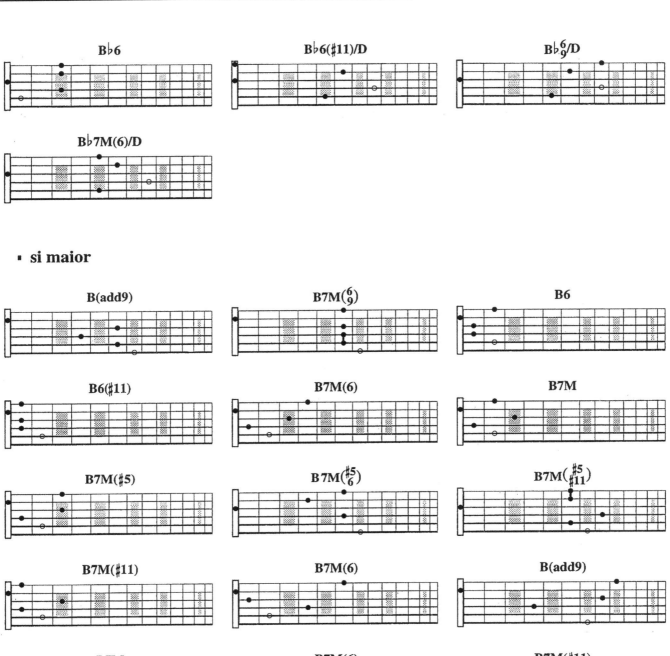

- si maior

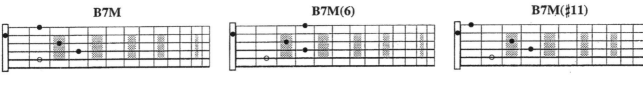
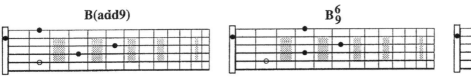

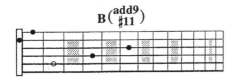

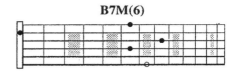

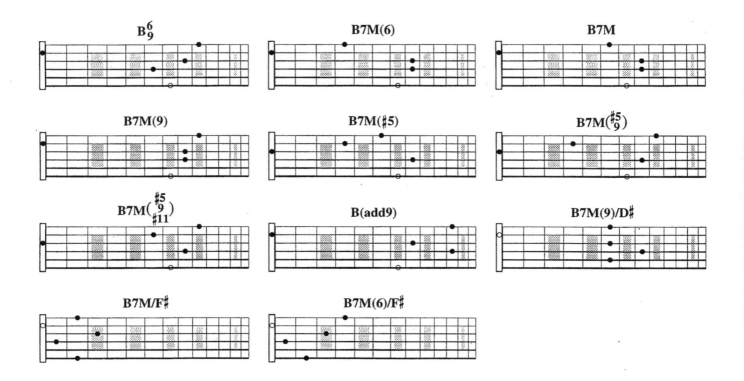

◻ ACORDES DOMINANTES

- **dó dominante**

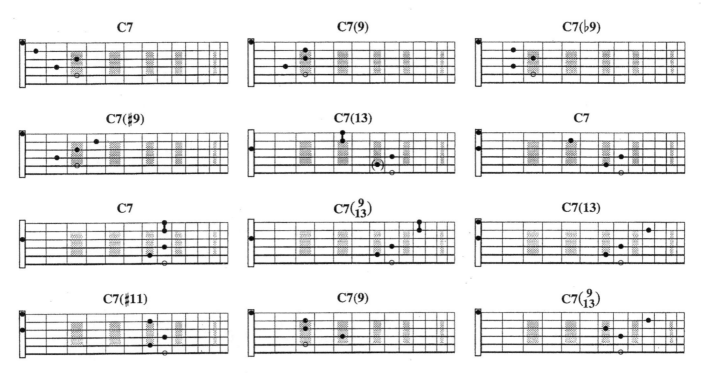

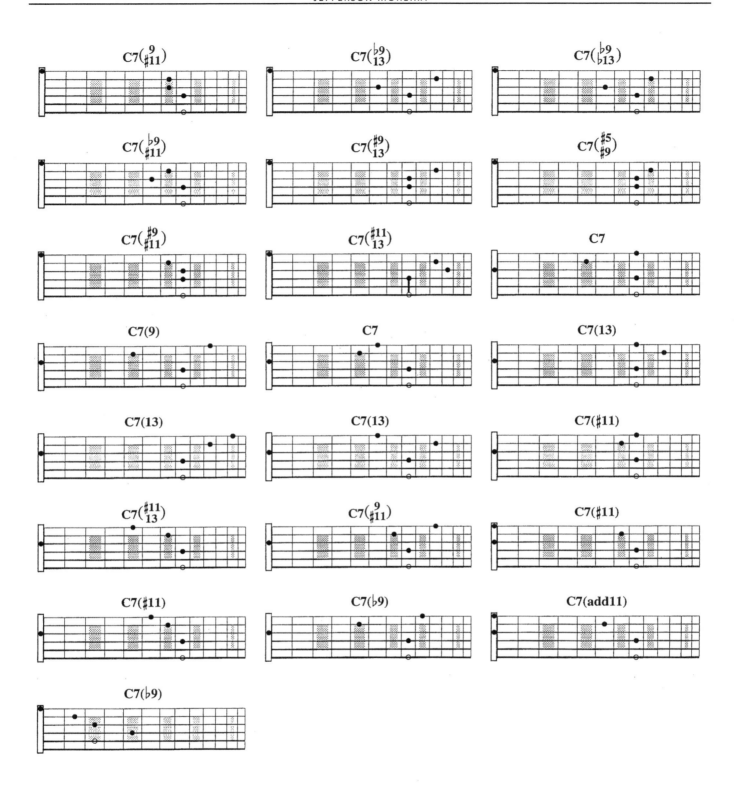

- **ré bemol dominante (dó sustenido dominante)**

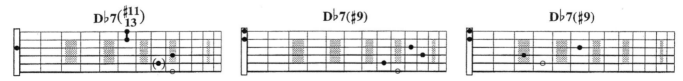

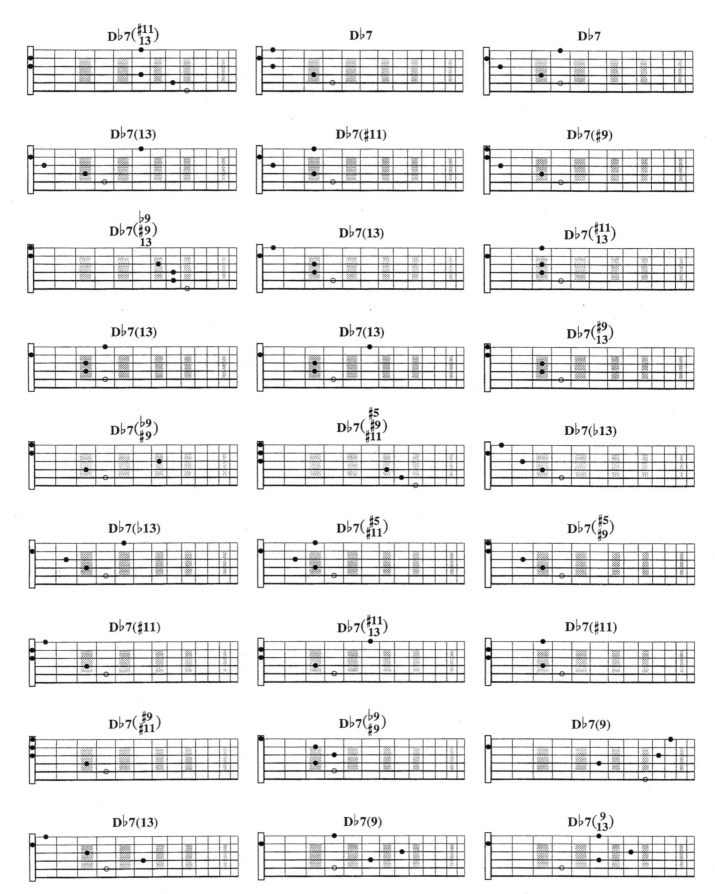

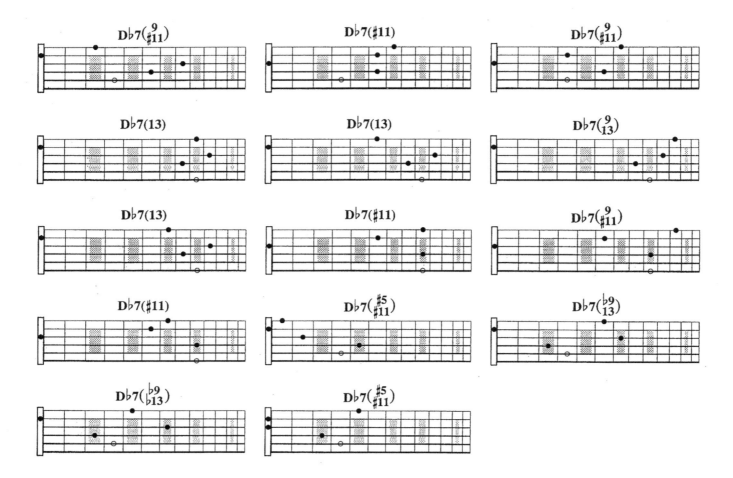

- **ré dominante**

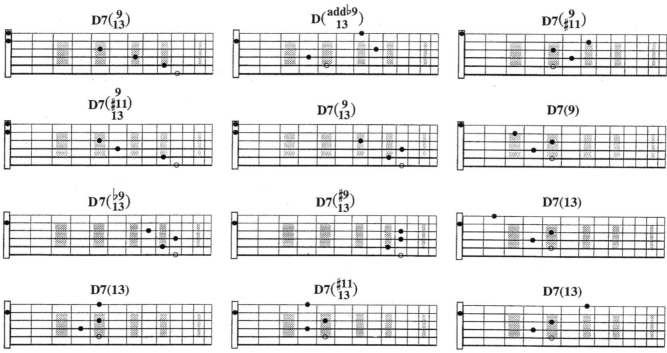

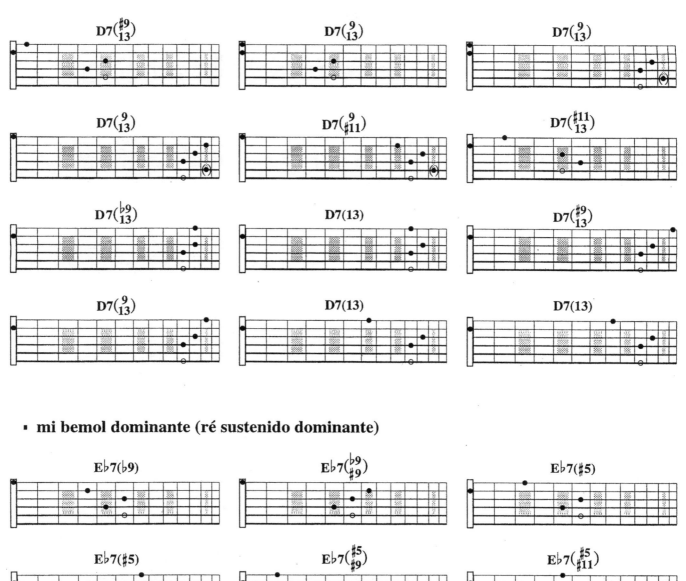

- **mi bemol dominante (ré sustenido dominante)**

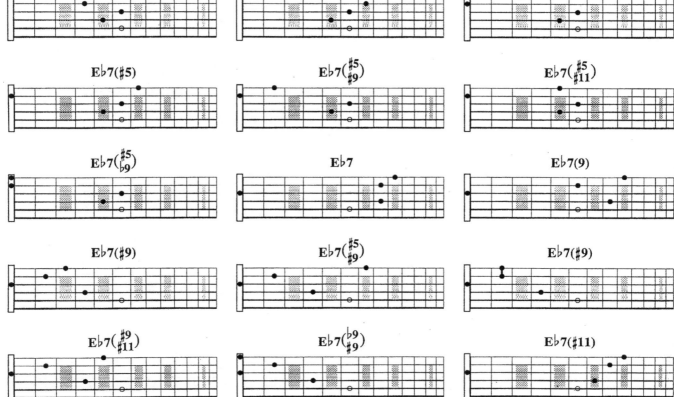

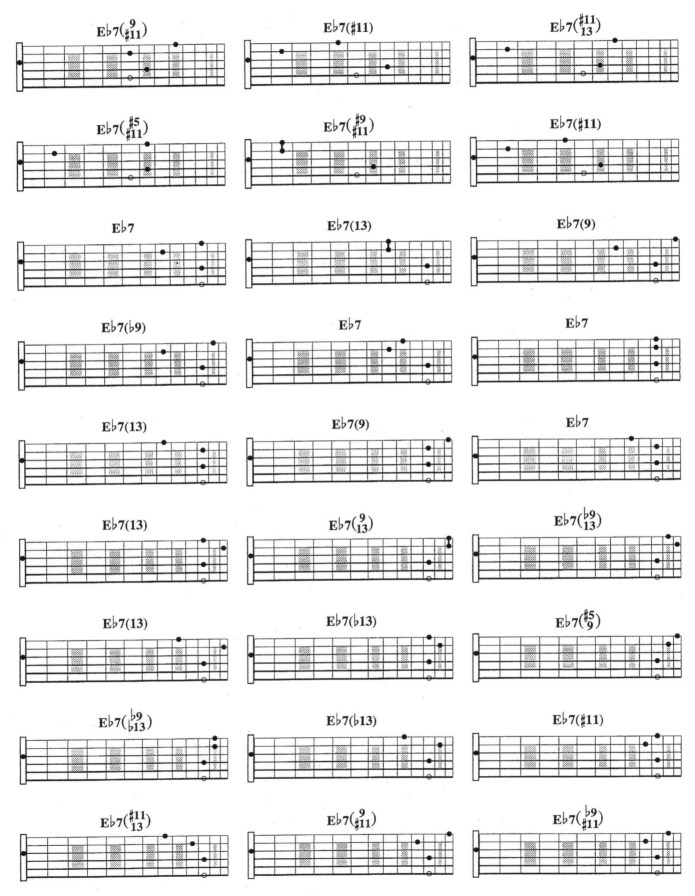

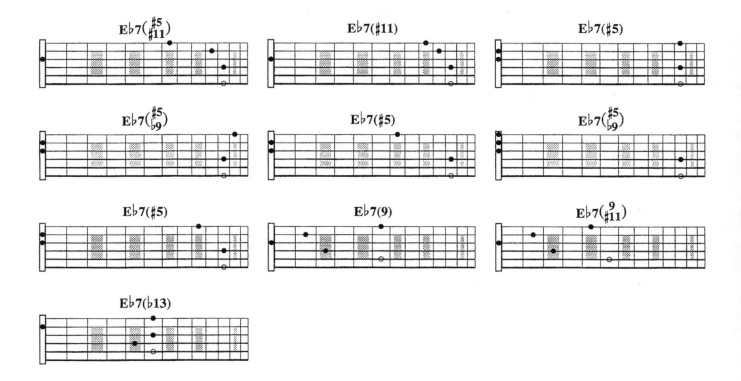

- **mi dominante**

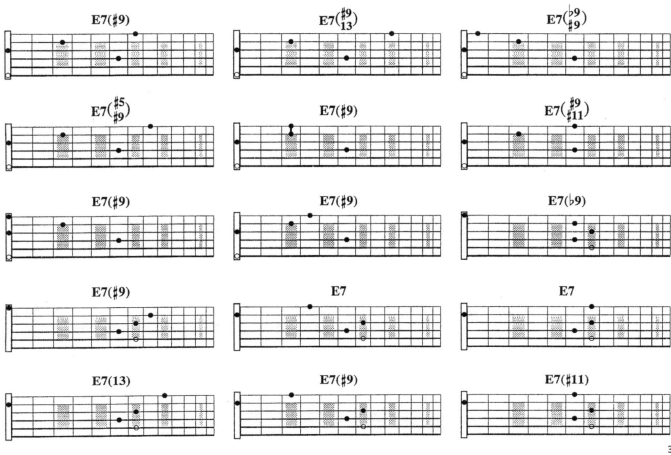

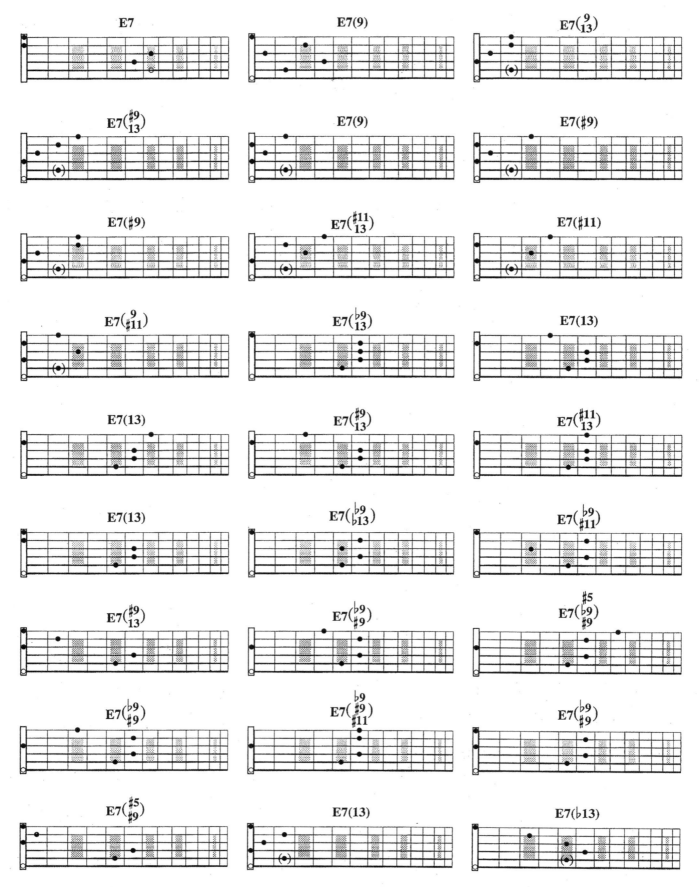

E7(13)

- **fá dominante**

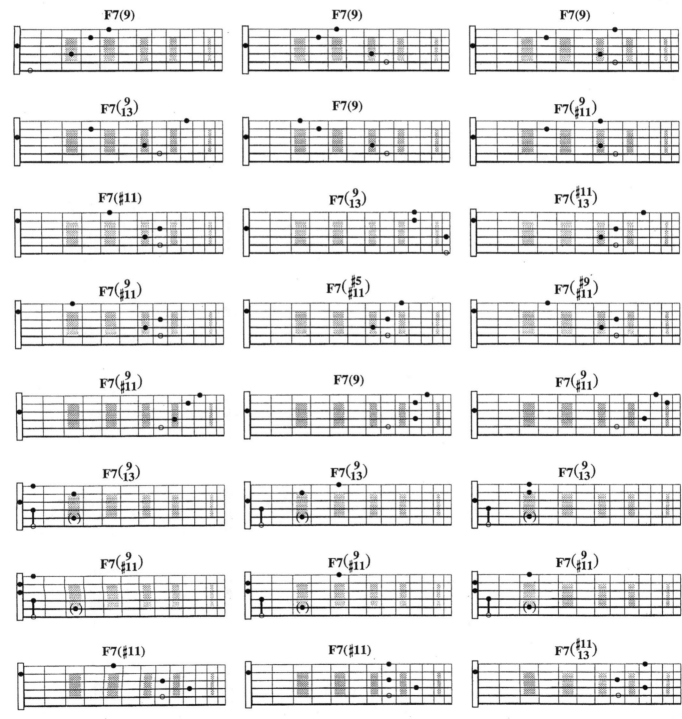

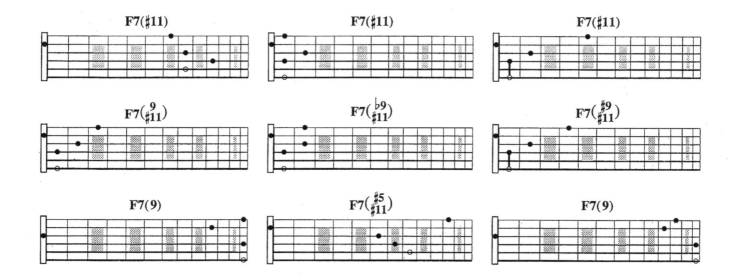

- **fá sustenido dominante (sol bemol dominante)**

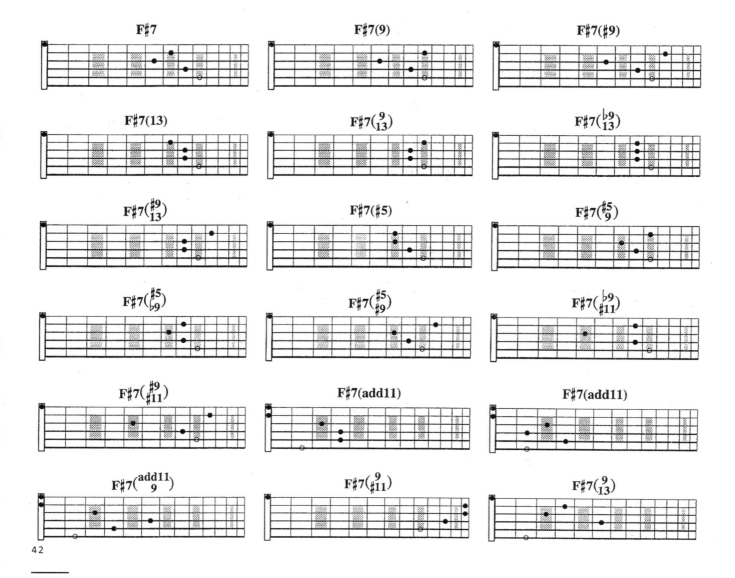

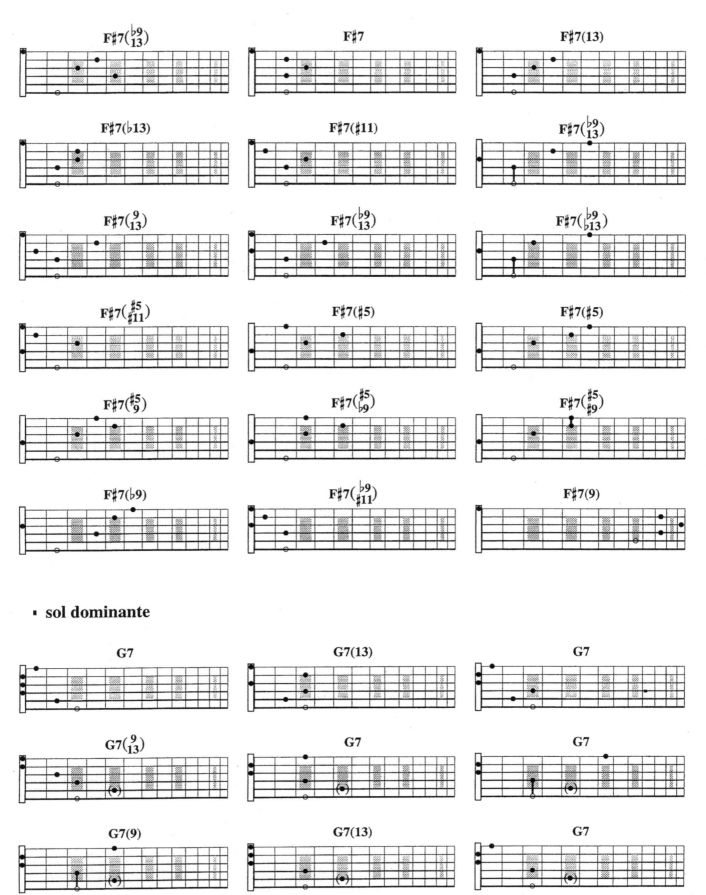

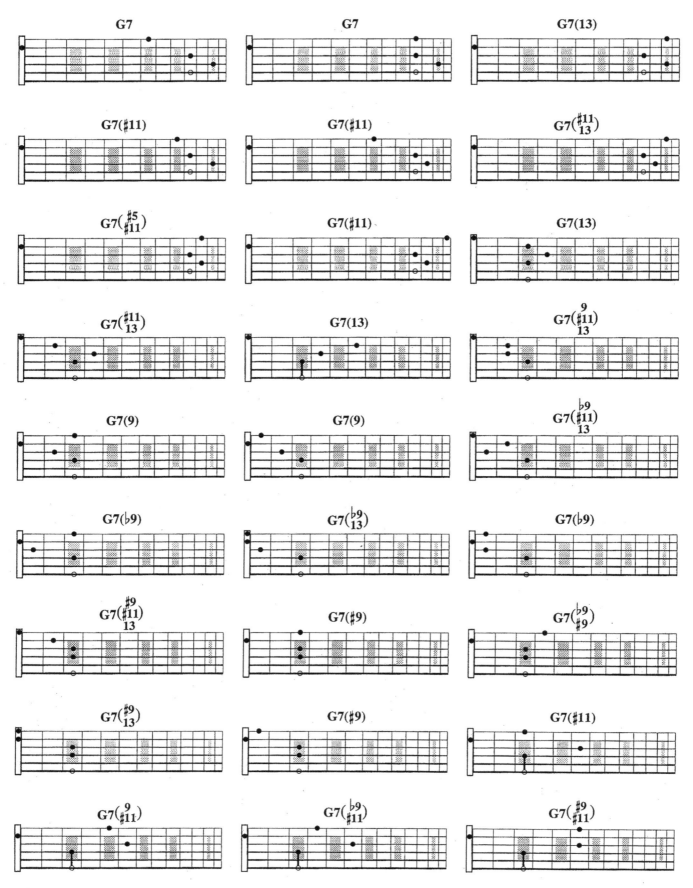

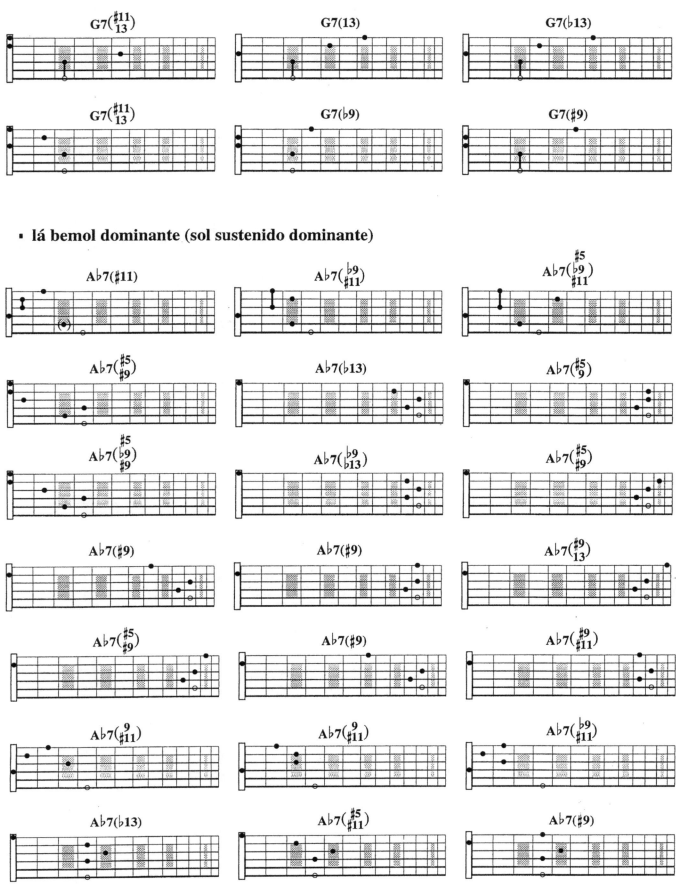

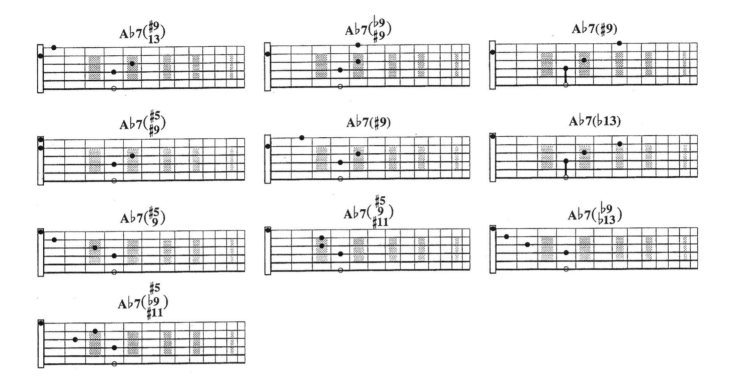

- **lá dominante**

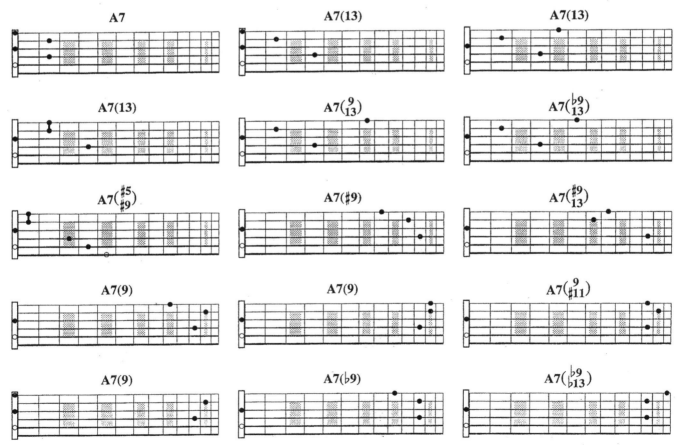

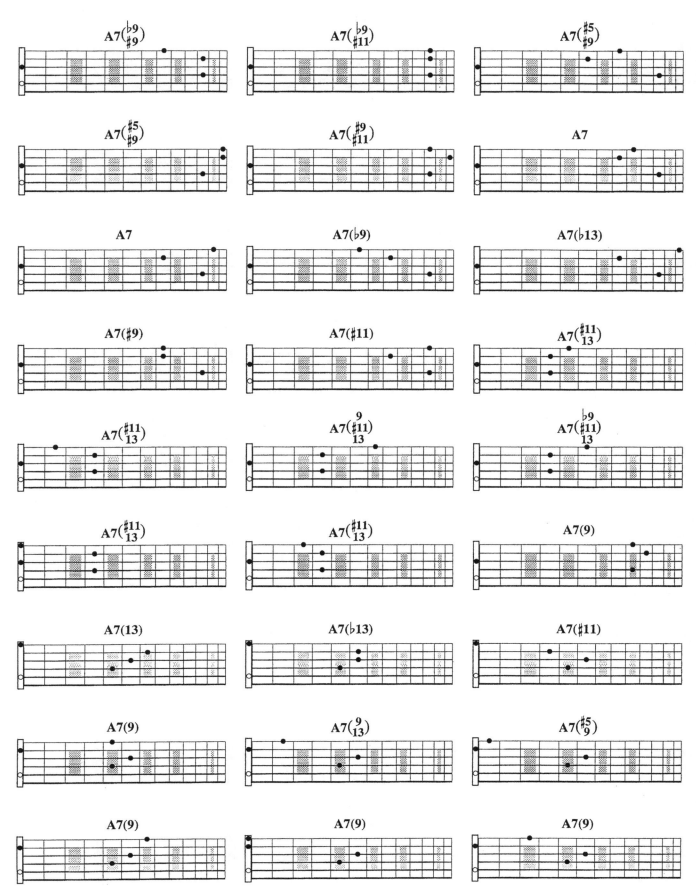

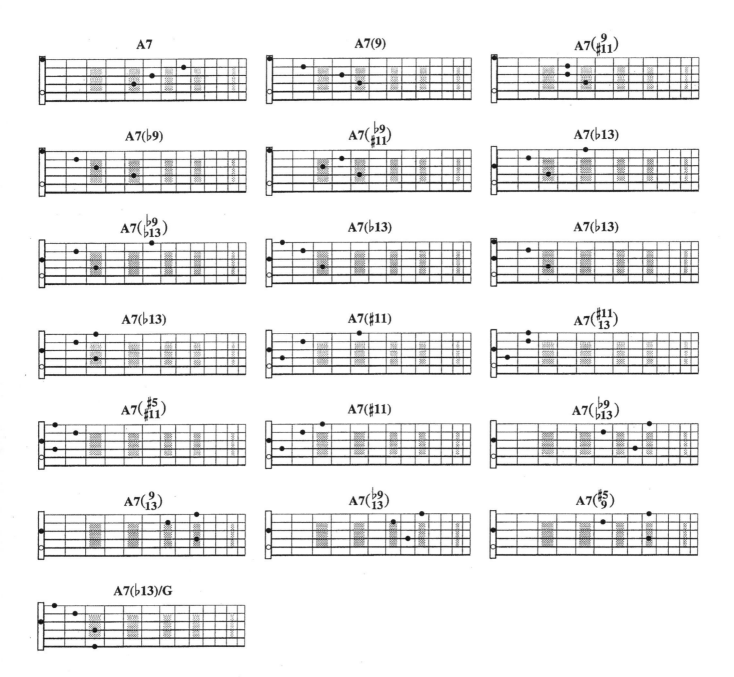

- **si bemol dominante (lá sustenido dominante)**

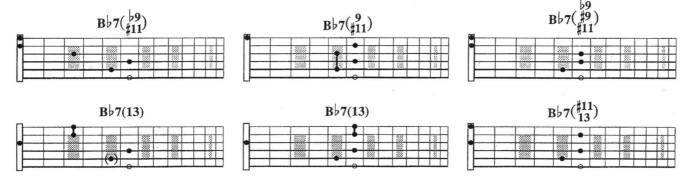

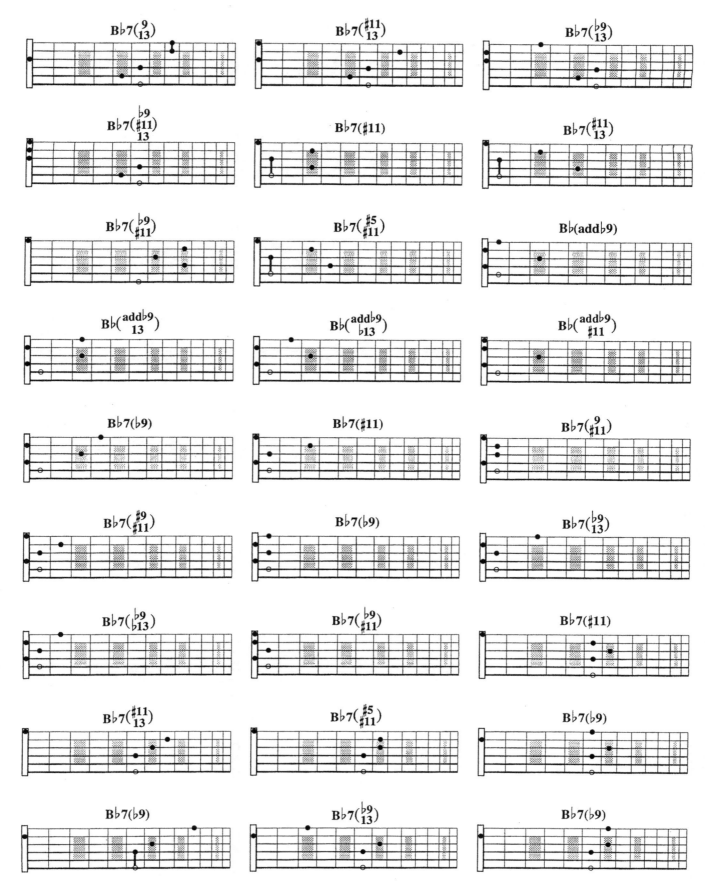

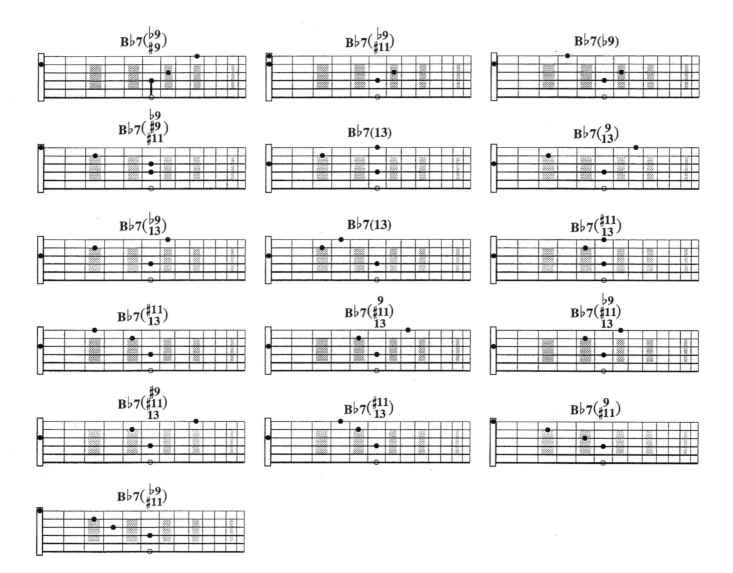

- si dominante

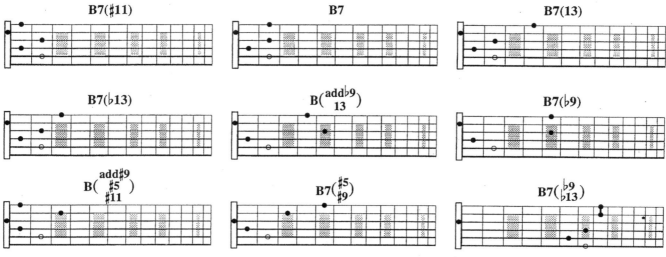

DICIONÁRIO DE ACORDES COM CORDAS SOLTAS

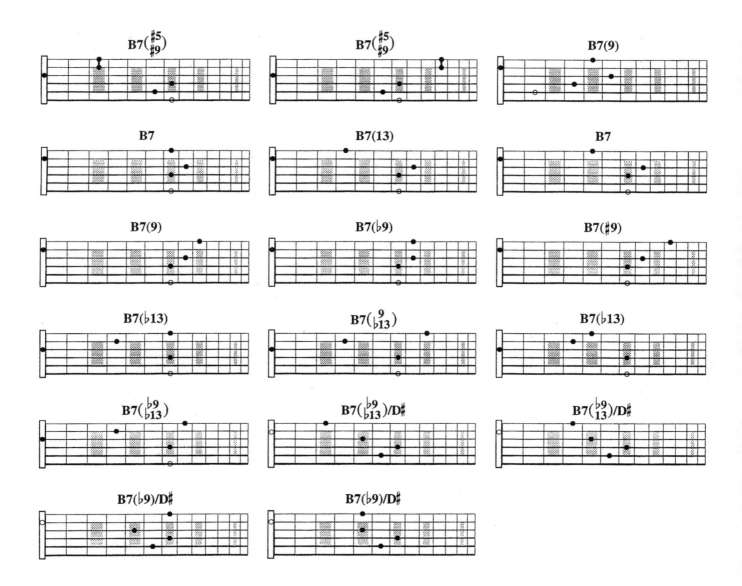

ACORDES MENORES

- **dó menor**

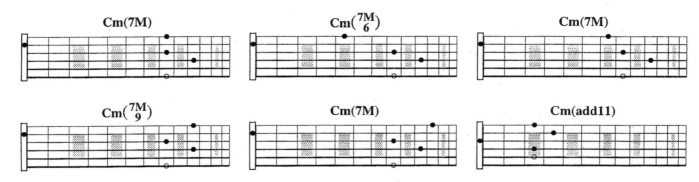

51

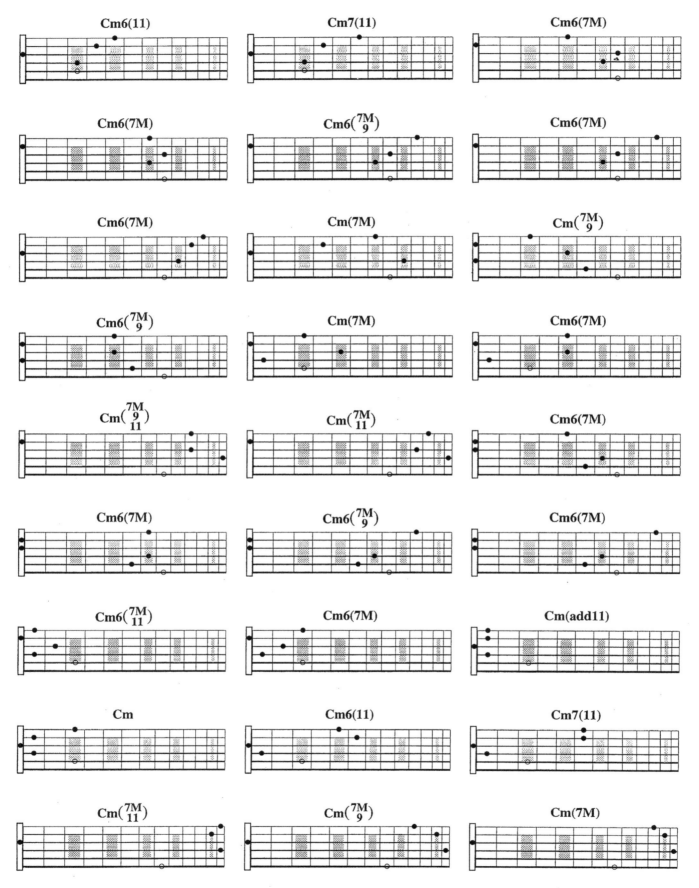

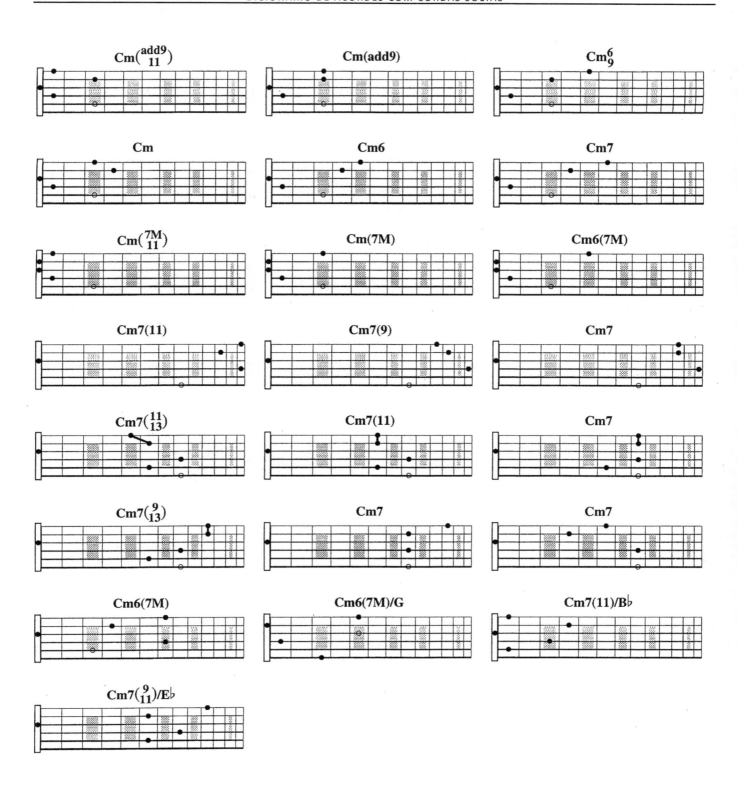

- **dó sustenido menor (ré bemol menor)**

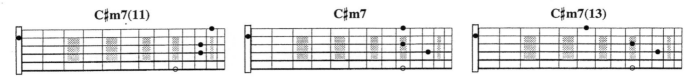

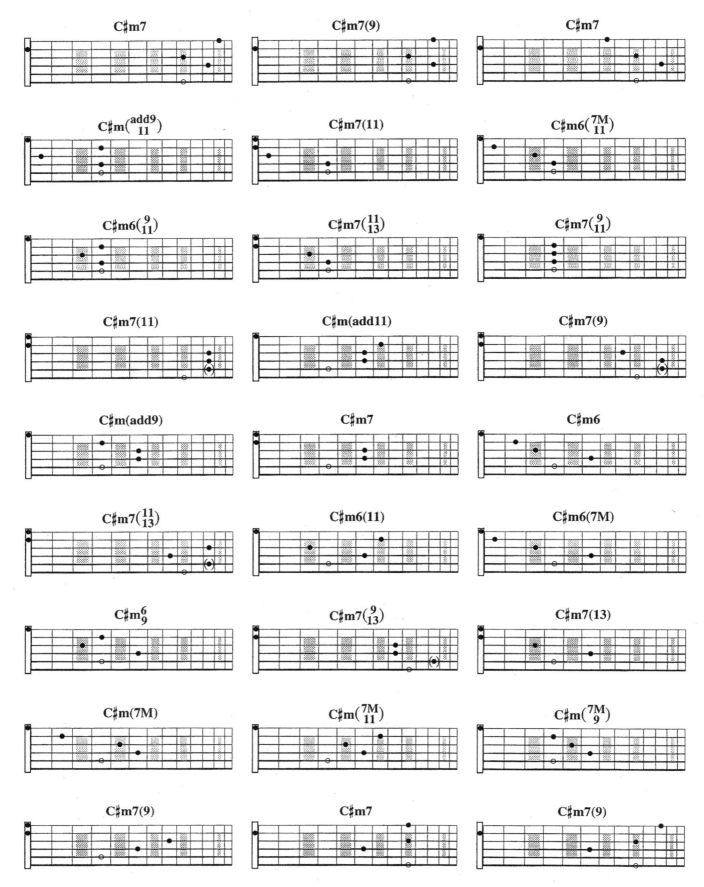

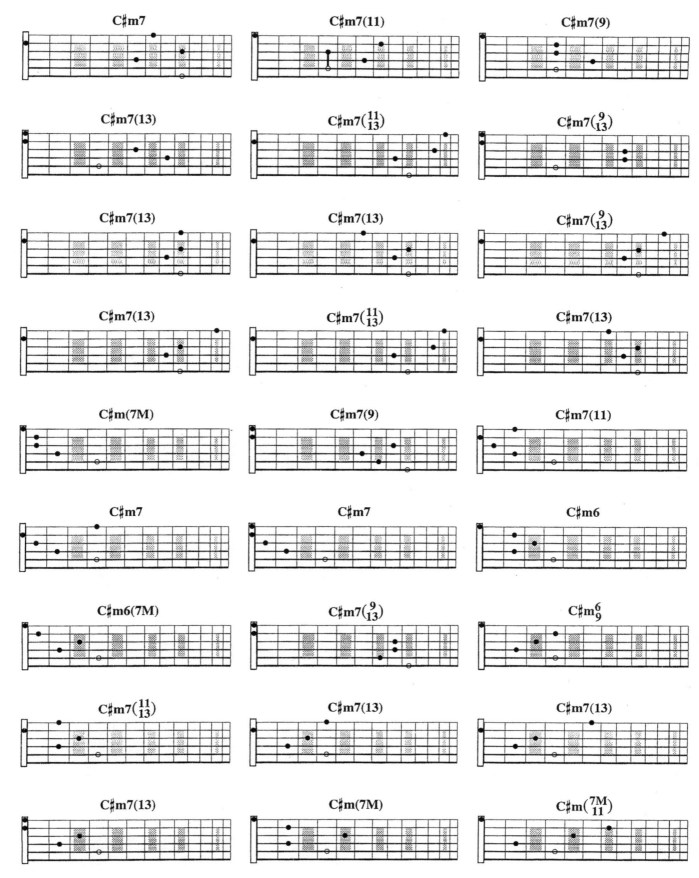

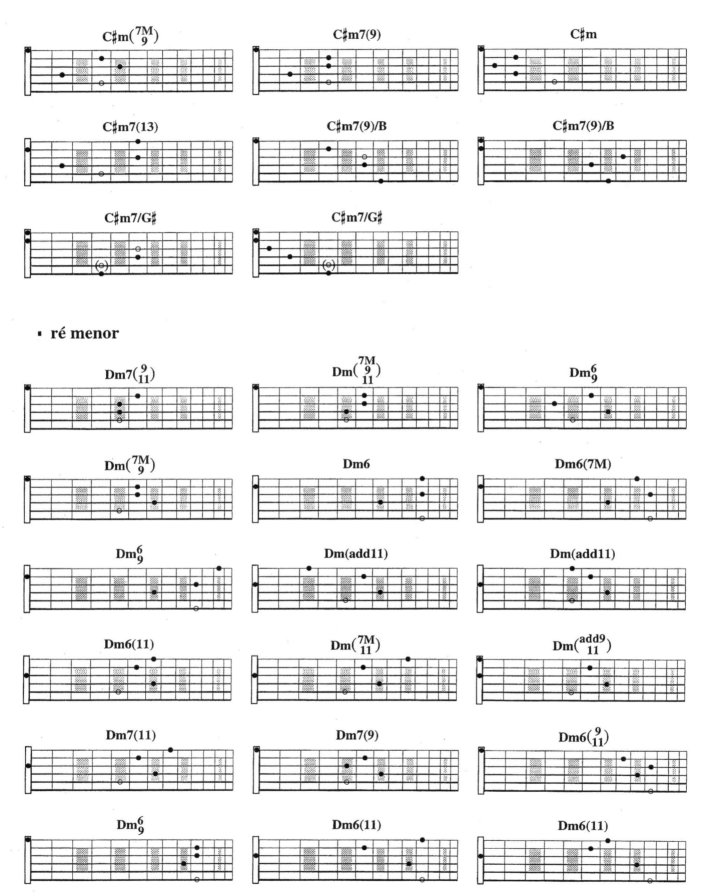

• ré menor

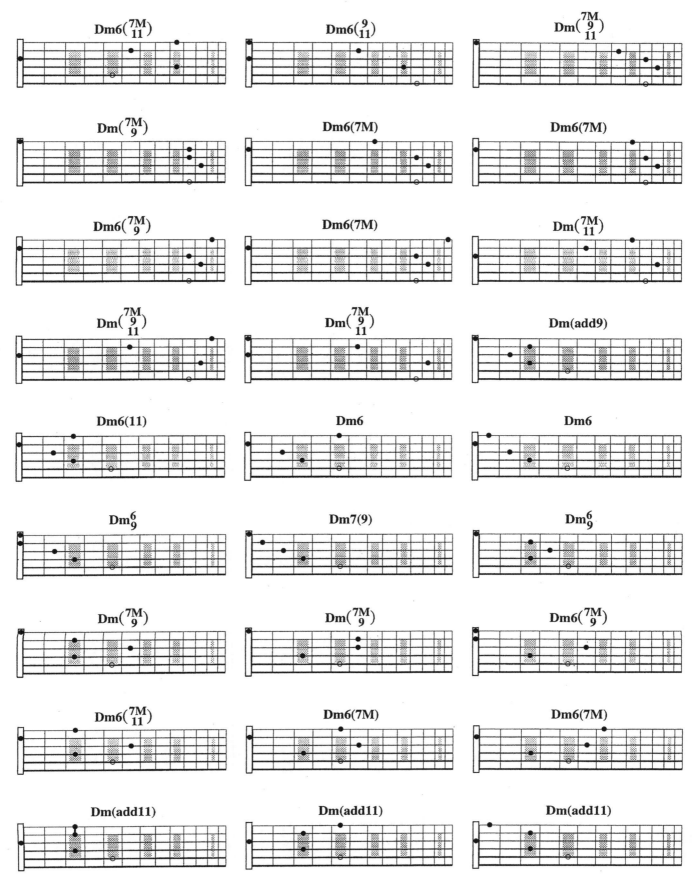

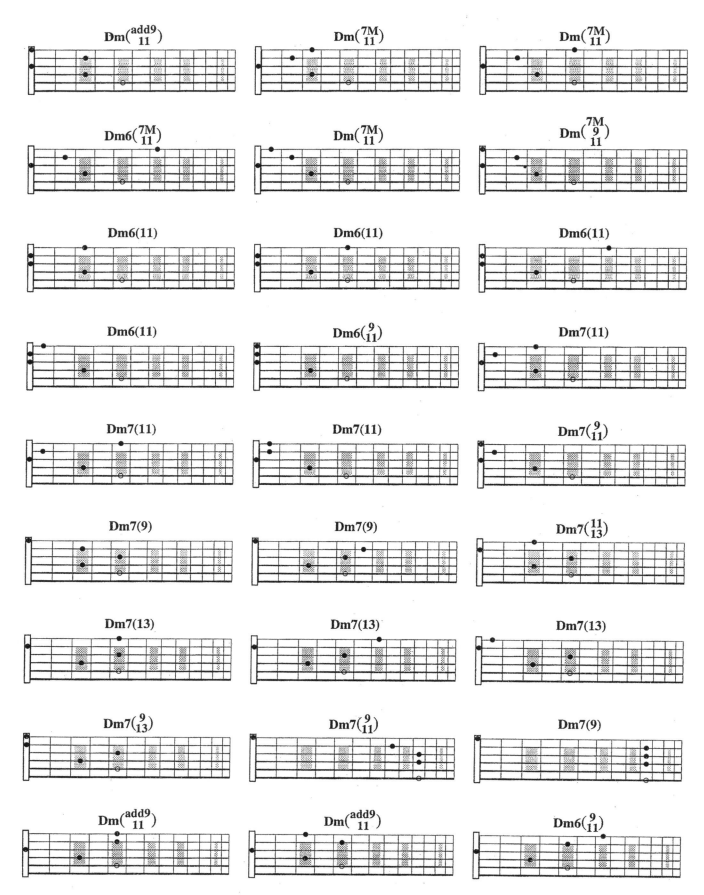

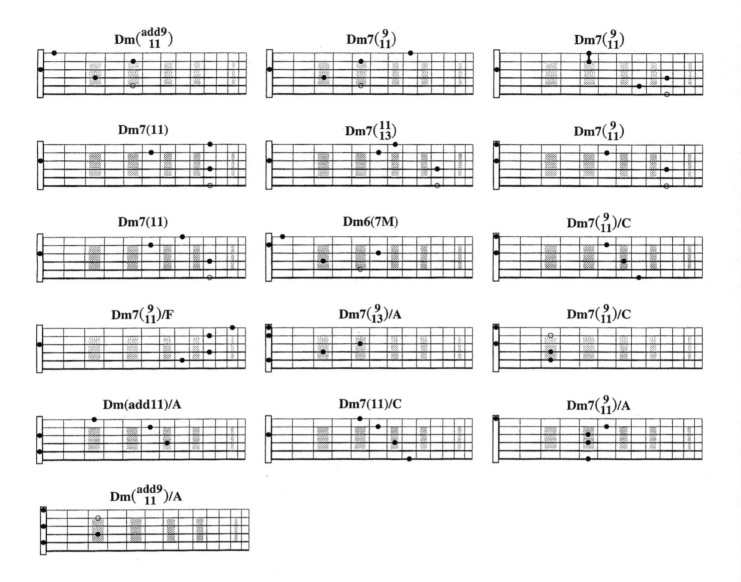

Obs.: Não é possível formar o acorde de mi bemol menor (ré sustenido menor) com cordas soltas. Portanto, seguiremos adiante com o acorde de mi menor.

- **mi menor**

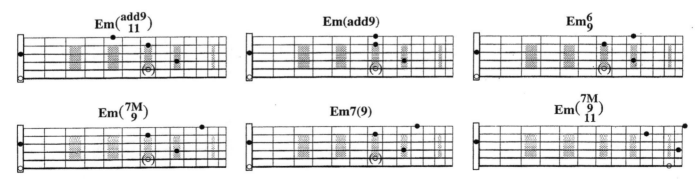

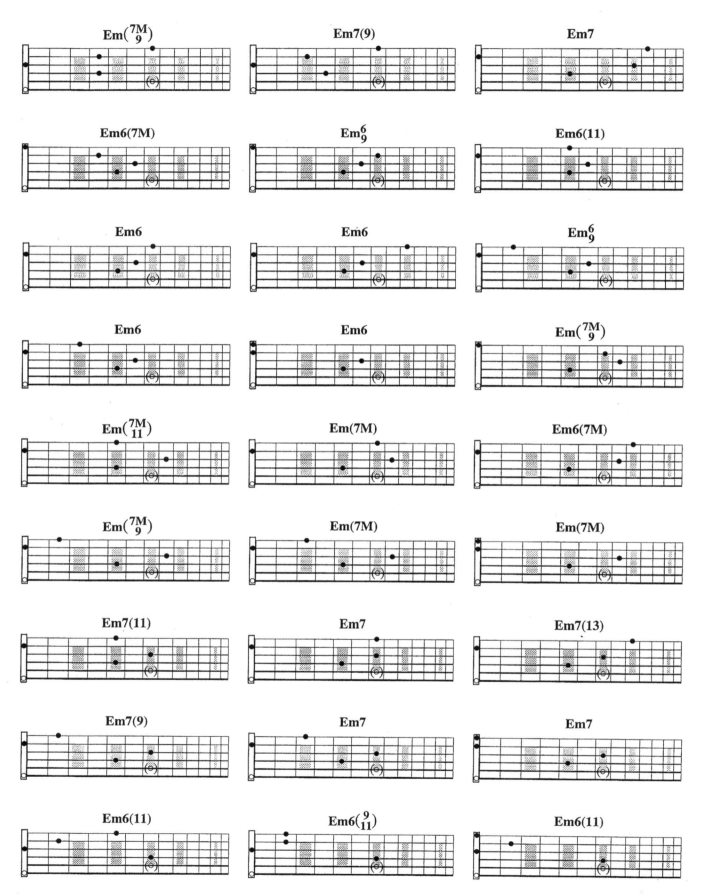

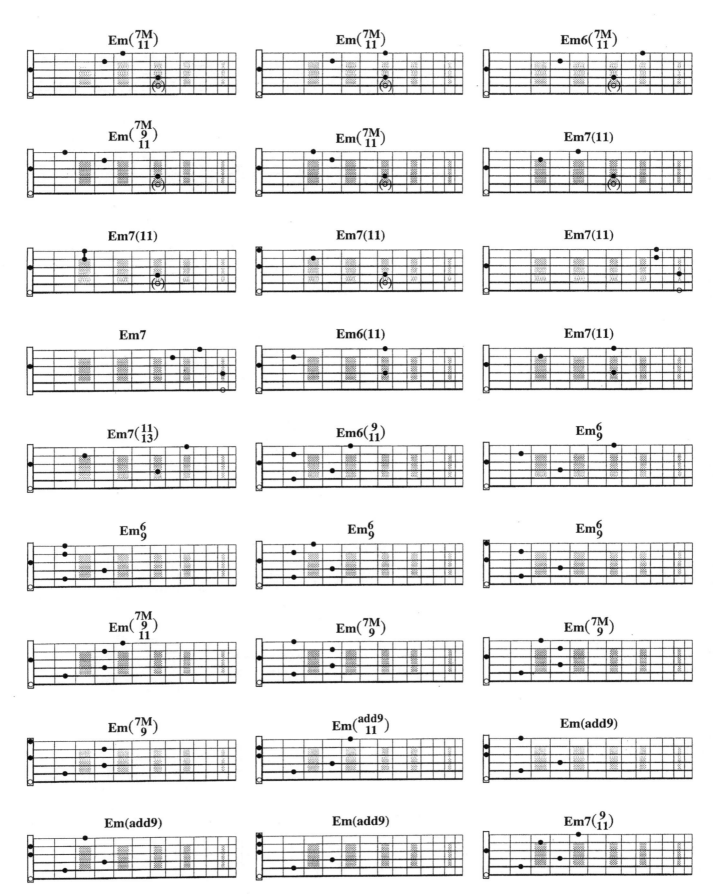

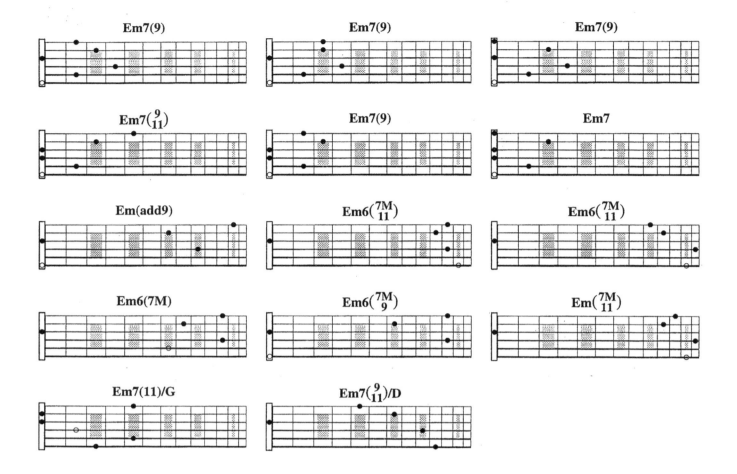

- **fá menor**

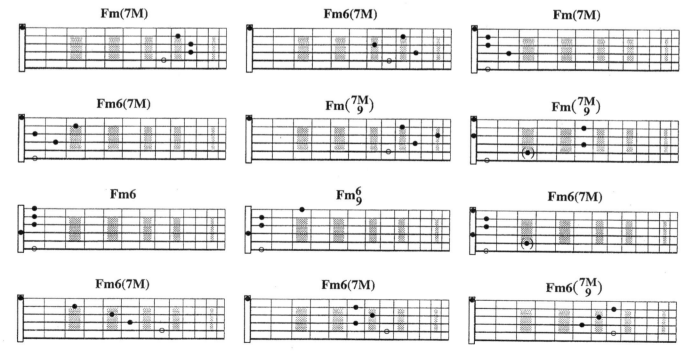

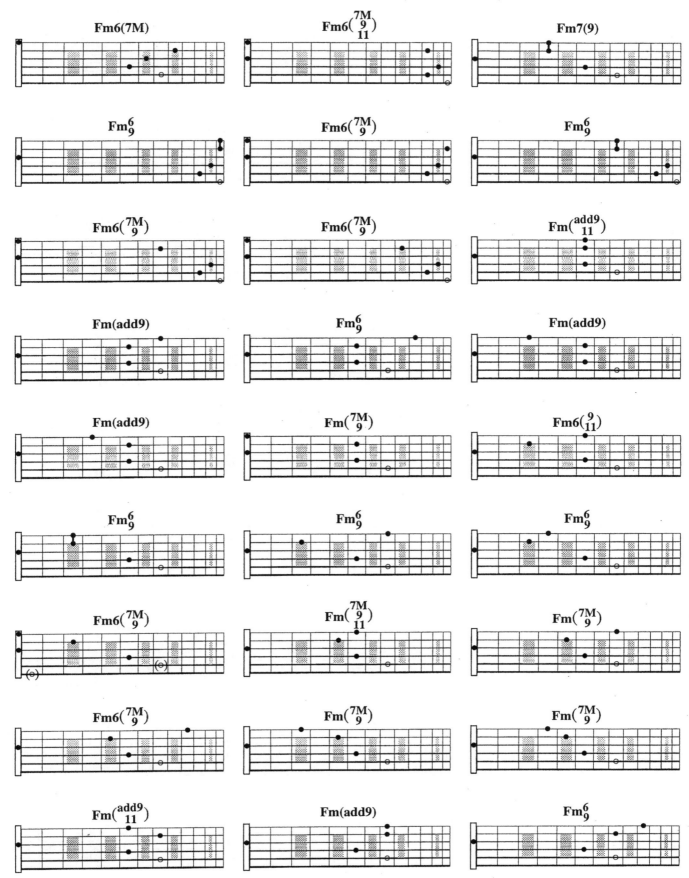

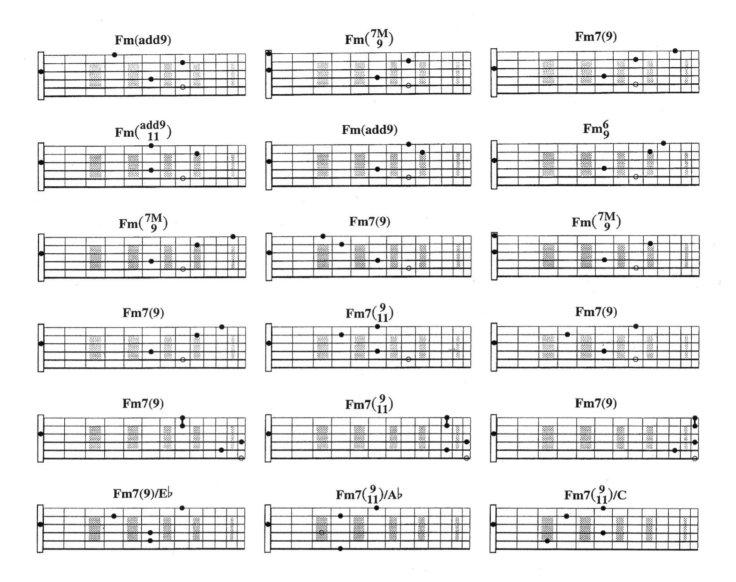

- **fá sustenido menor (sol bemol menor)**

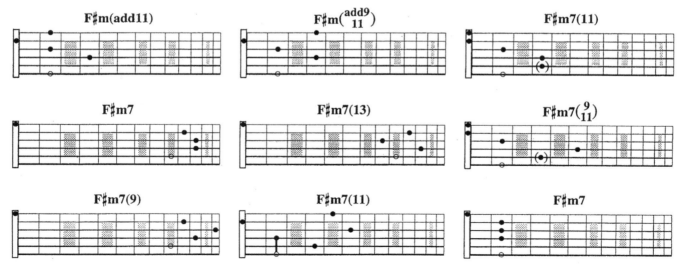

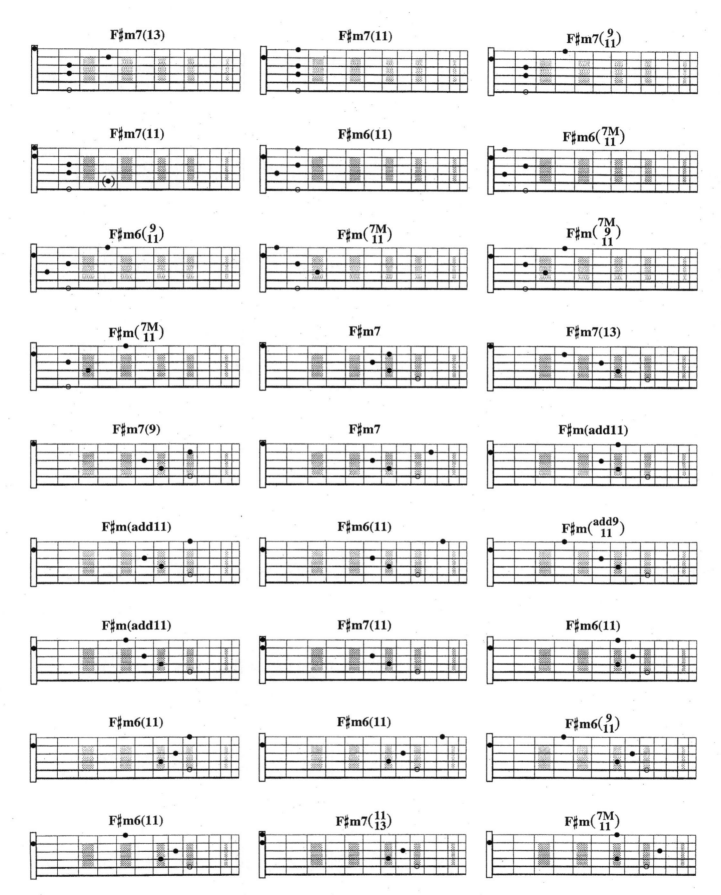

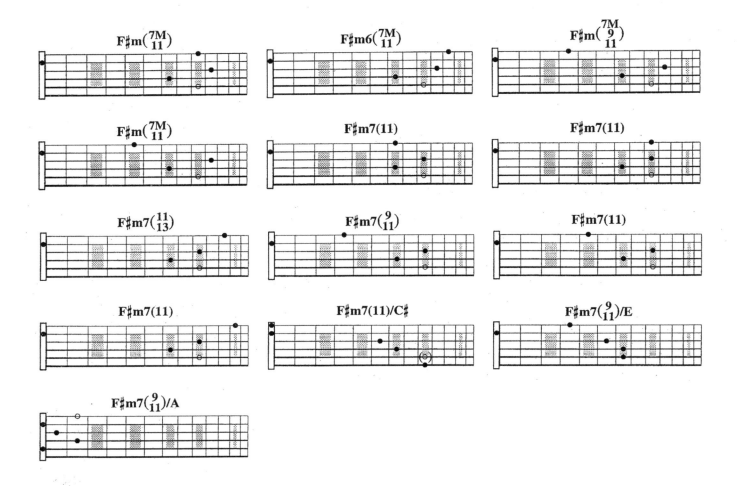

- **sol menor**

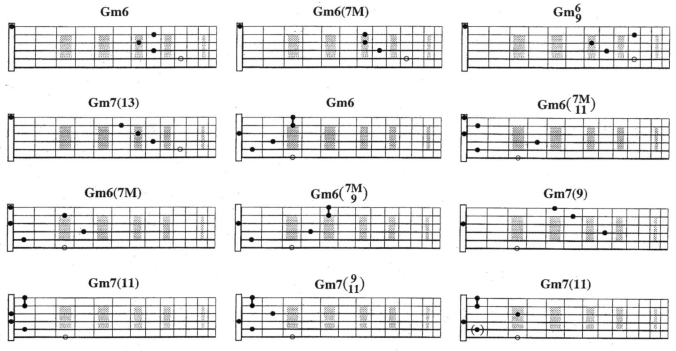

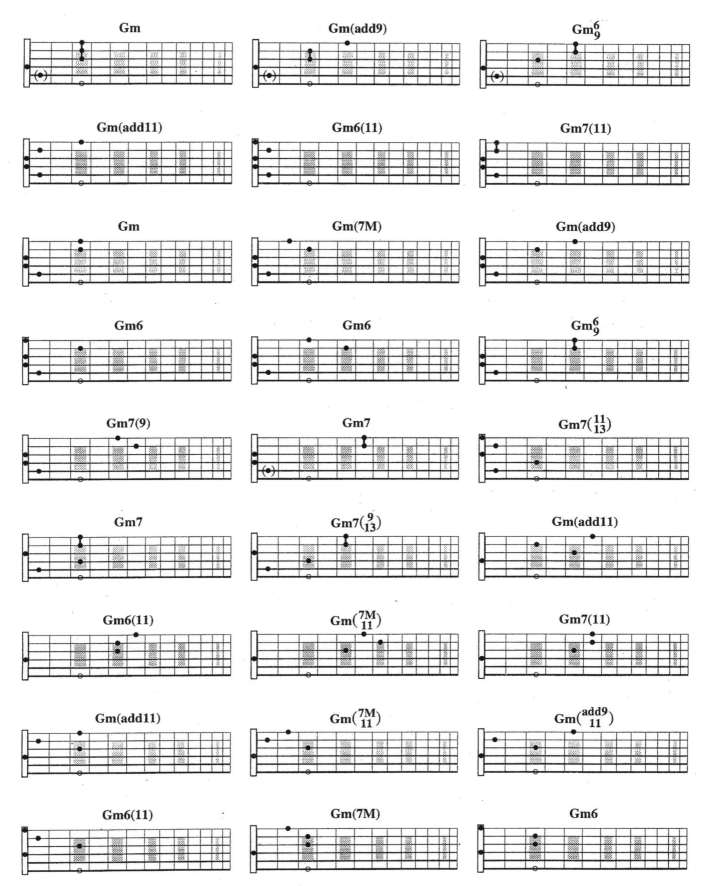

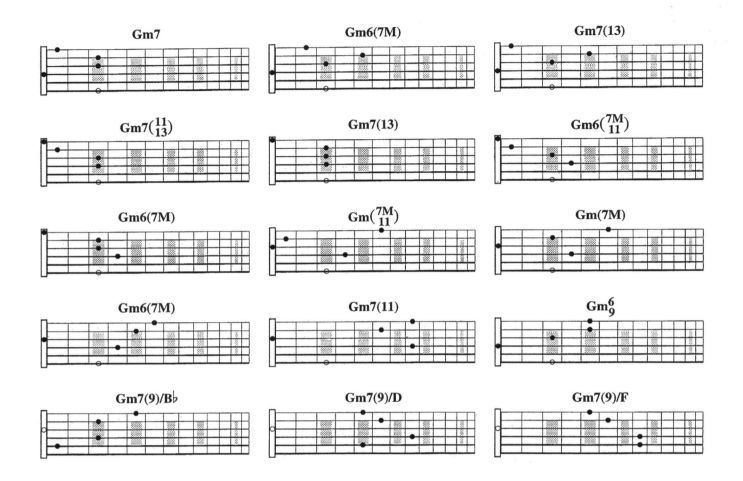

- sol sustenido menor (lá bemol menor)

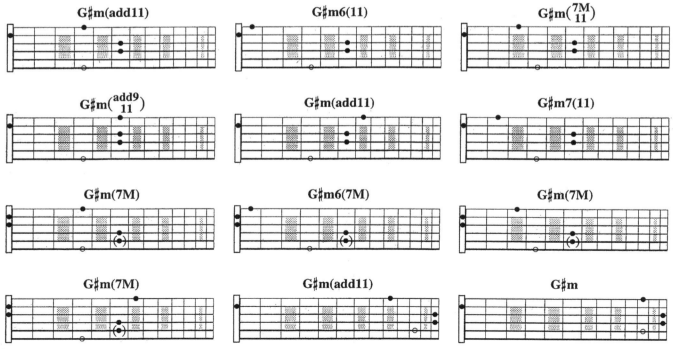

DICIONÁRIO DE ACORDES COM CORDAS SOLTAS

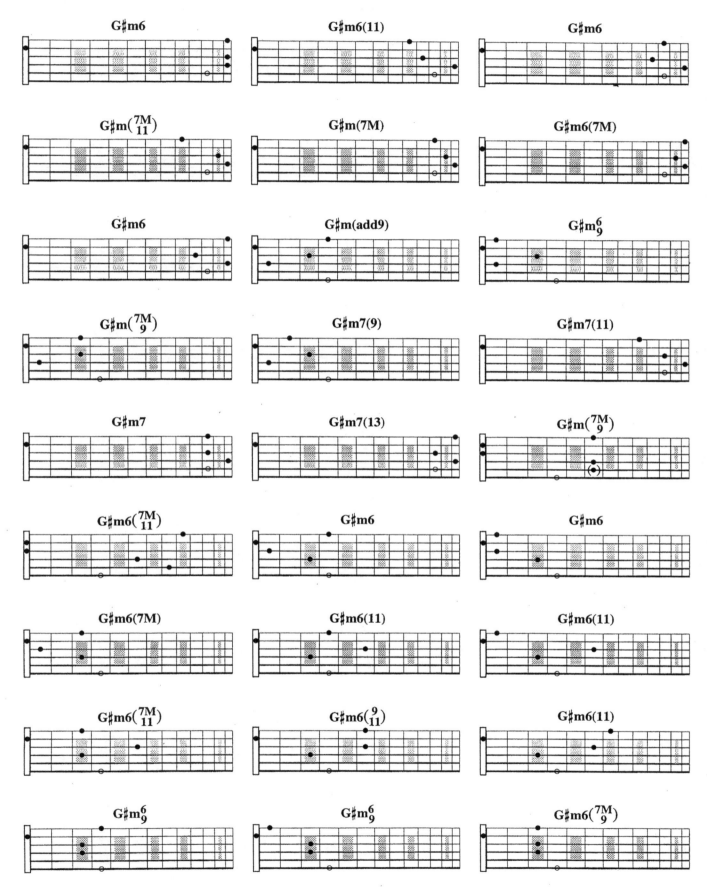

69

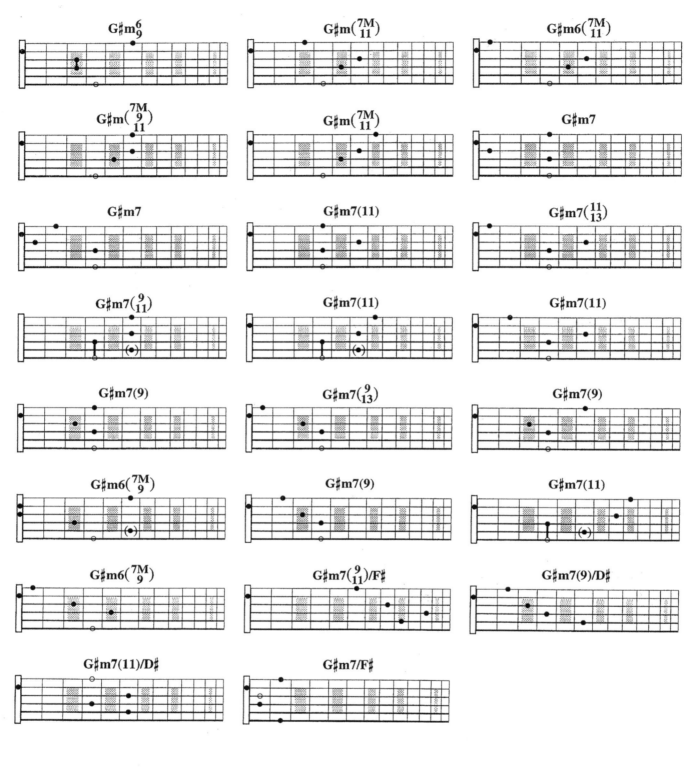

- **lá menor**

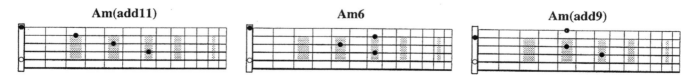

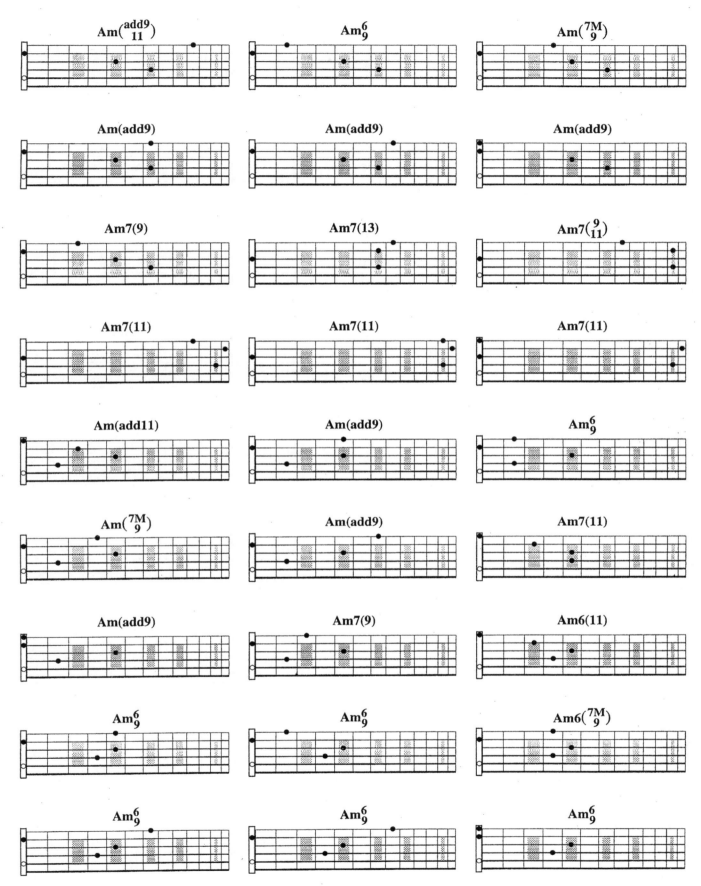

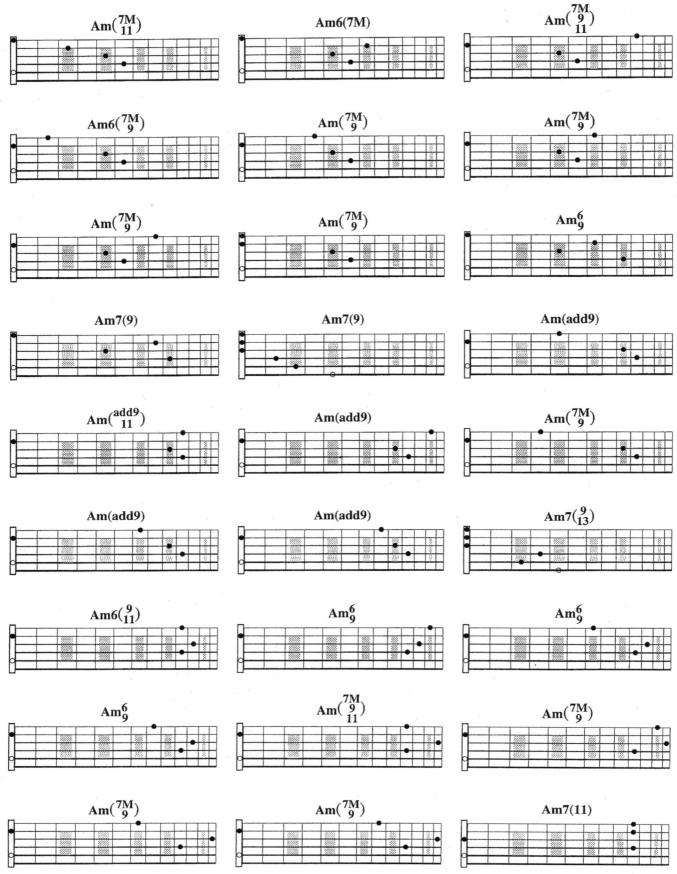

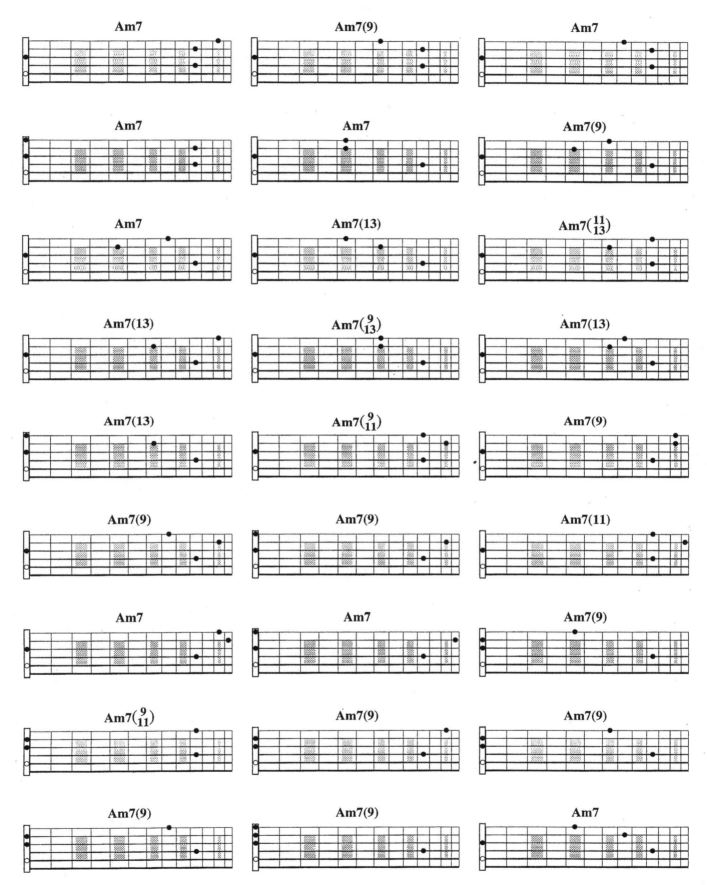

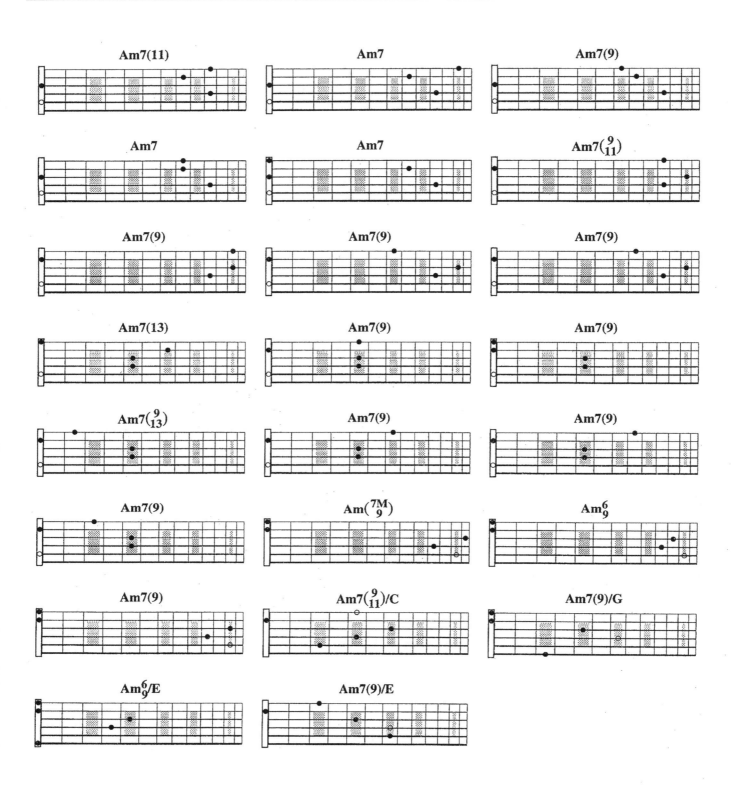

- **si bemol menor (lá sustenido menor)**

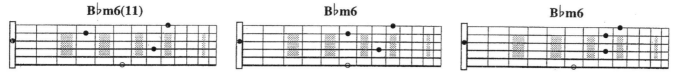

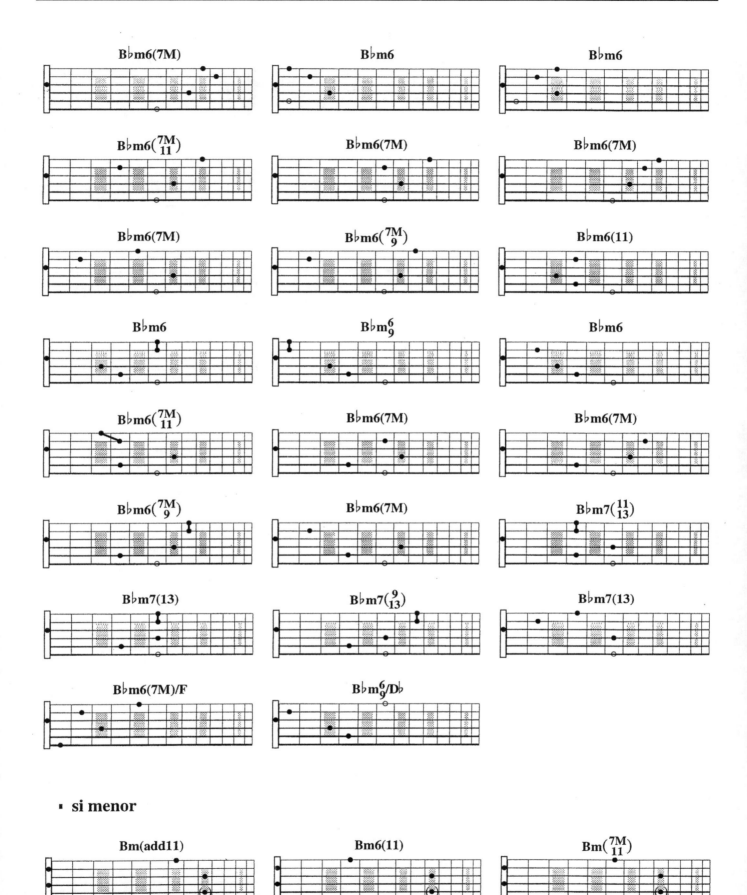

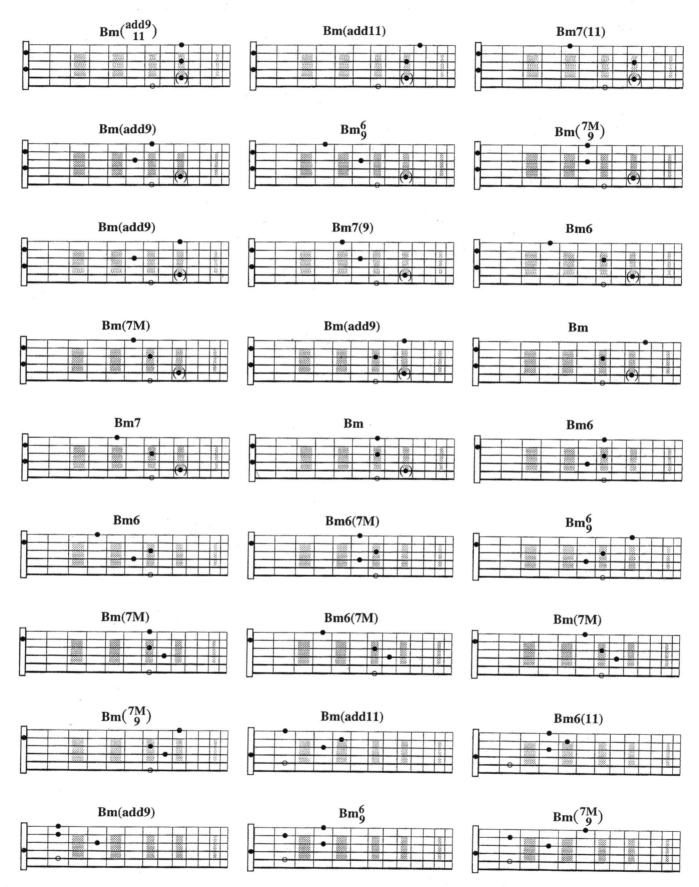

DICIONÁRIO DE ACORDES COM CORDAS SOLTAS

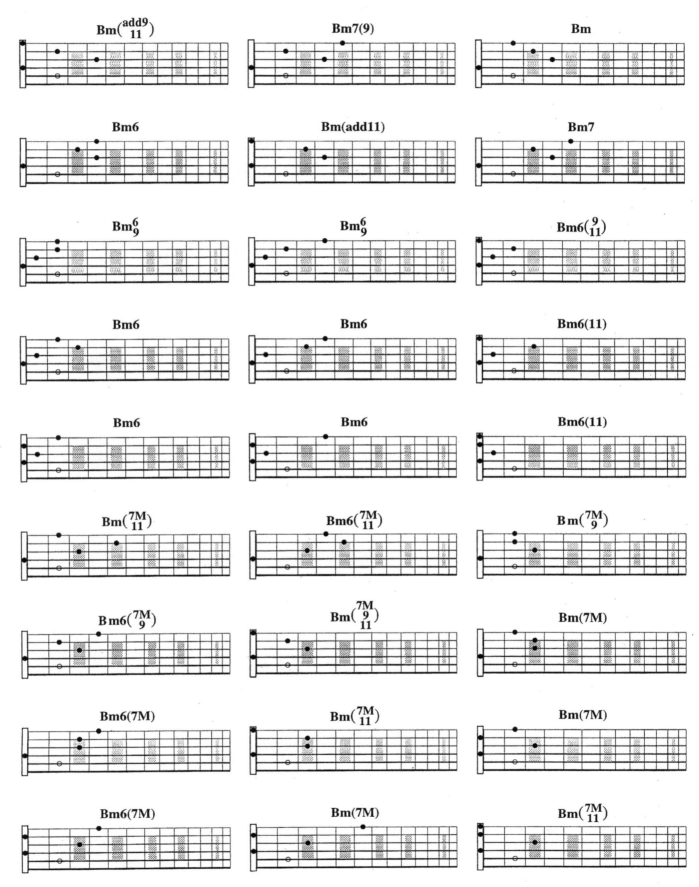

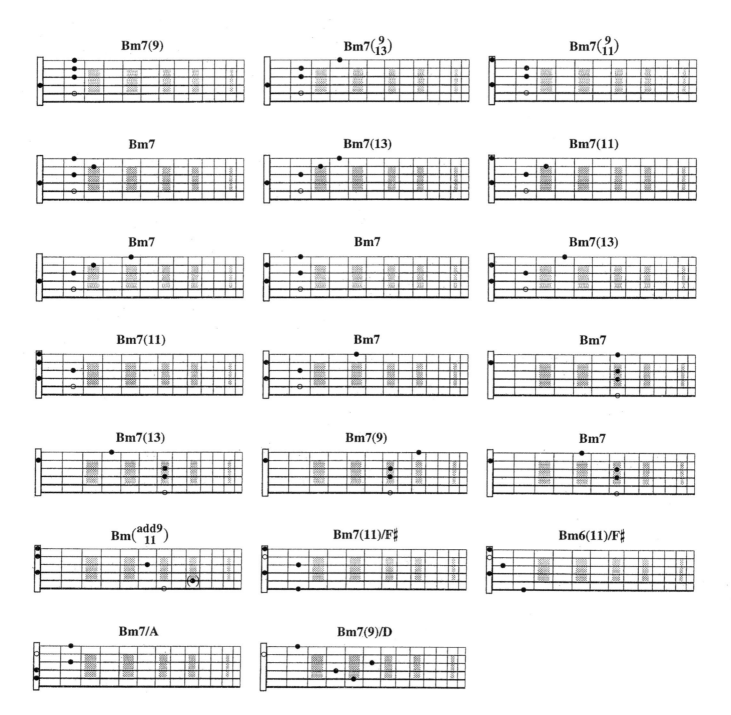

◻ ACORDES MEIO-DIMINUTOS

Obs.: Não é possível formar o acorde de dó meio-diminuto com cordas soltas. Portanto, seguiremos adiante com o acorde de dó sustenido meio-diminuto (ré bemol meio-diminuto).

▪ dó sustenido meio-diminuto (ré bemol meio-diminuto)

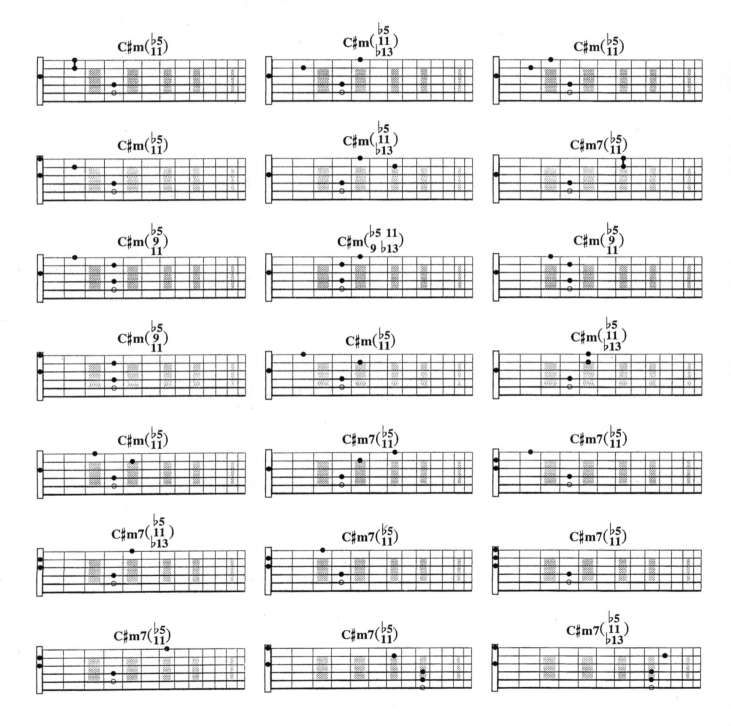

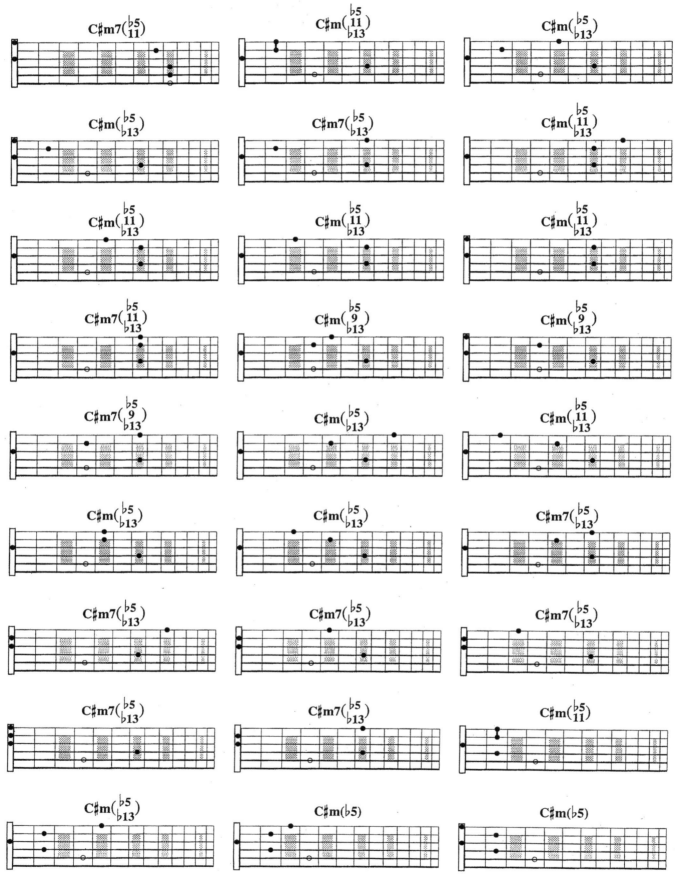

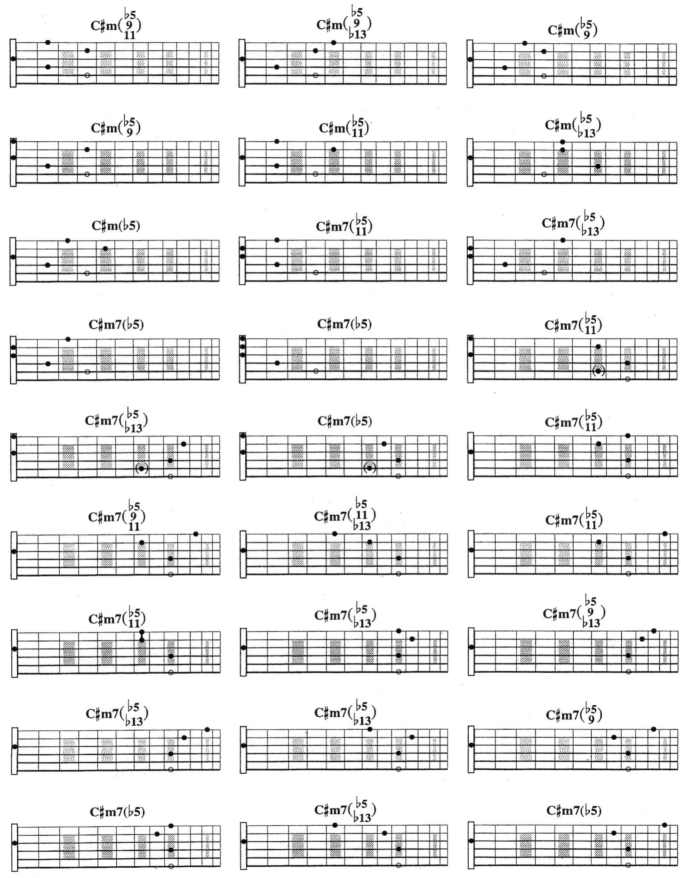

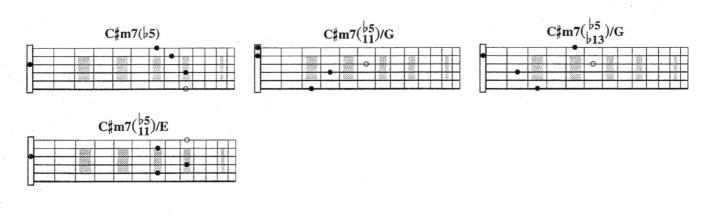

- **ré meio-diminuto**

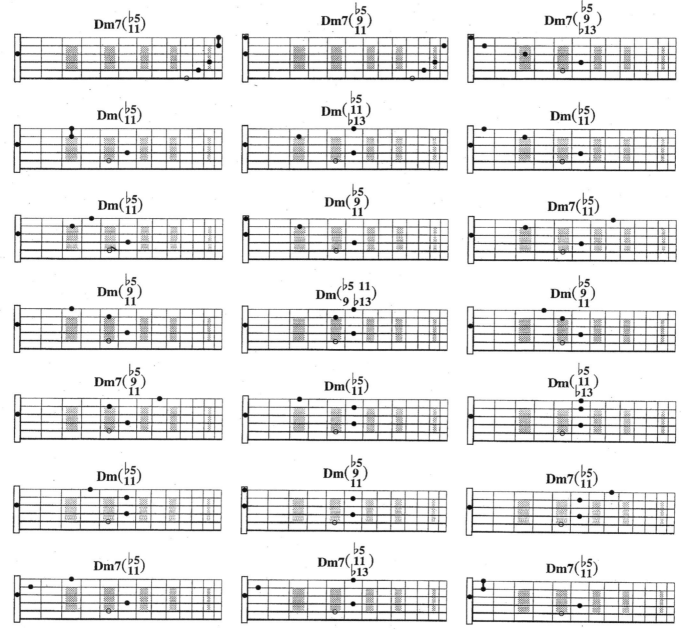

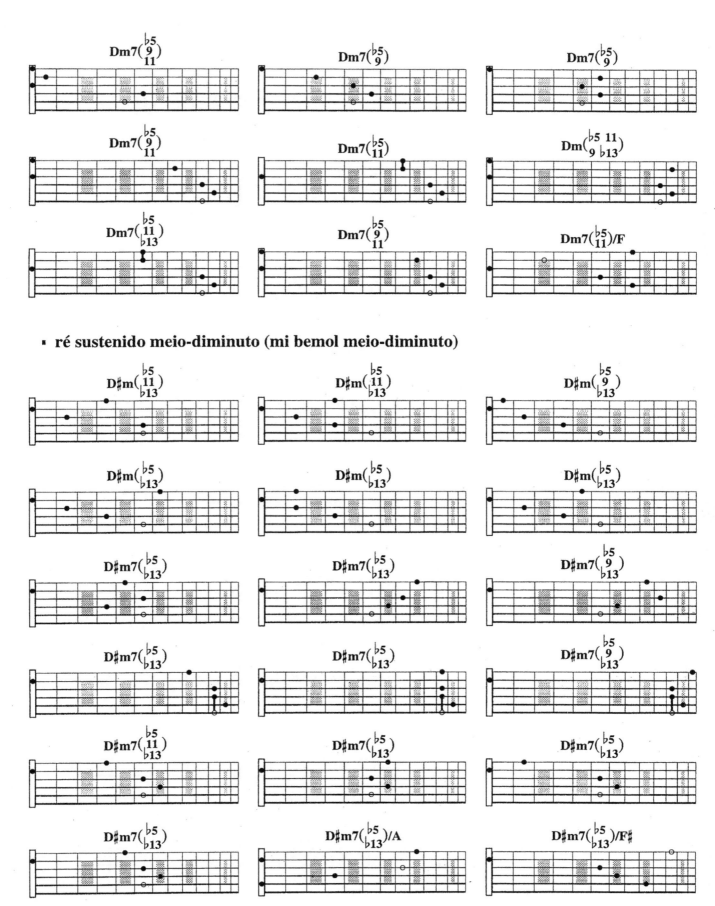

- ré sustenido meio-diminuto (mi bemol meio-diminuto)

mi meio-diminuto

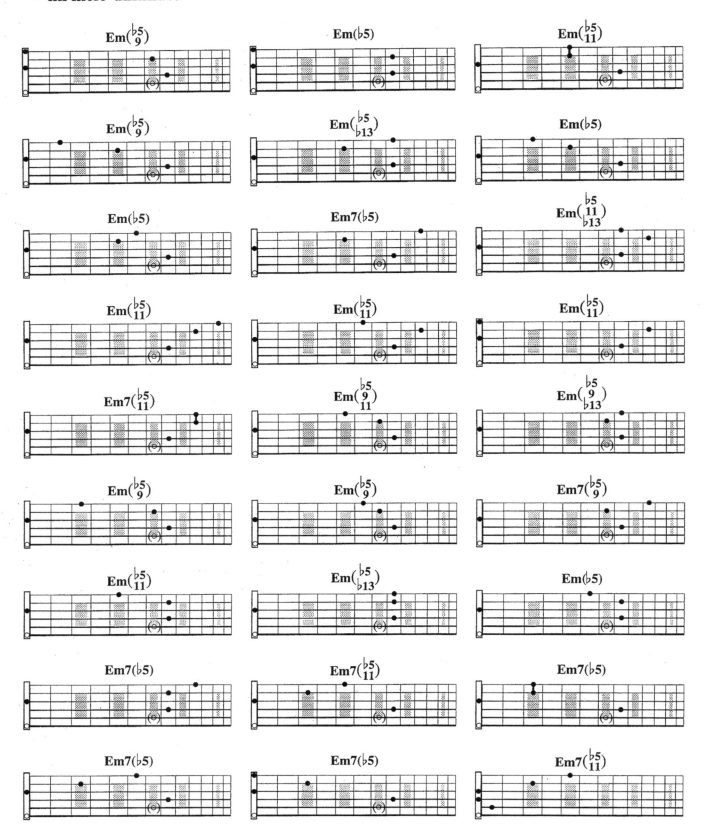

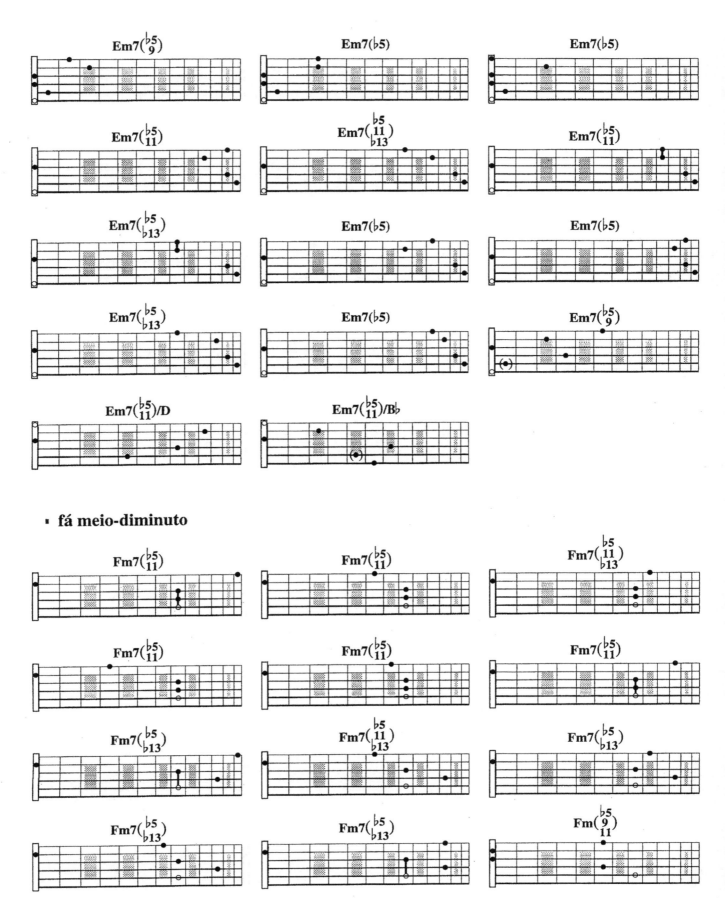

- **fá meio-diminuto**

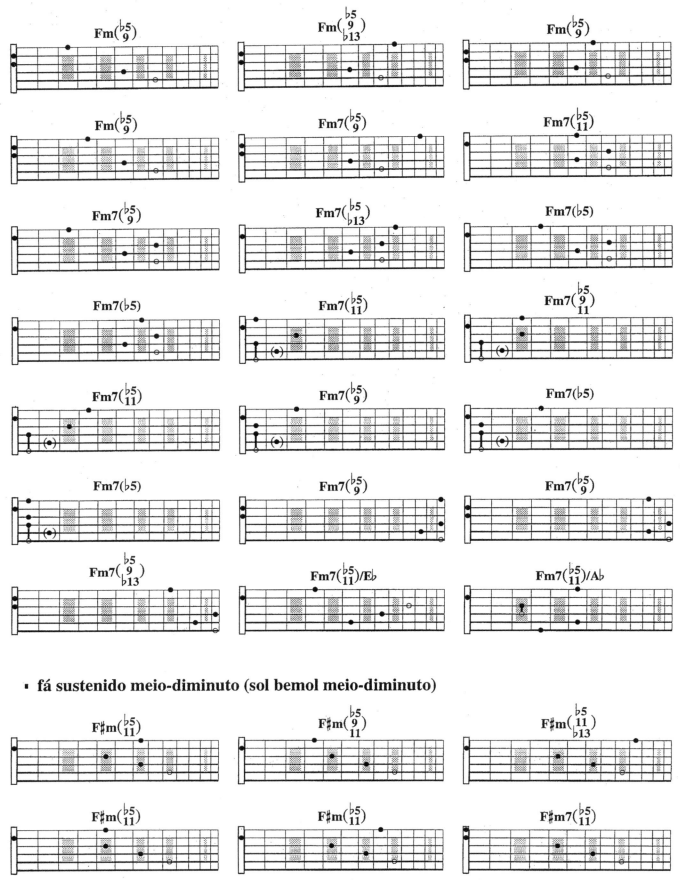

- **fá sustenido meio-diminuto (sol bemol meio-diminuto)**

DICIONÁRIO DE ACORDES COM CORDAS SOLTAS

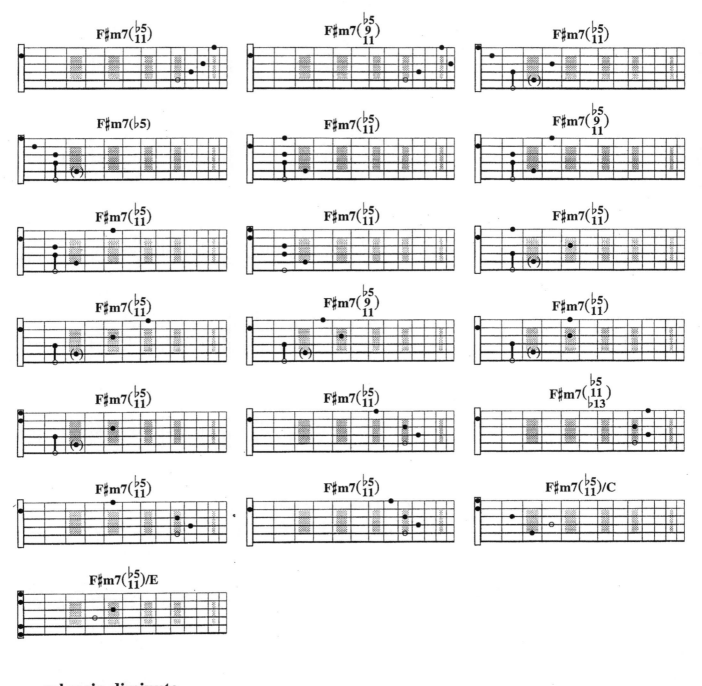

- **sol meio-diminuto**

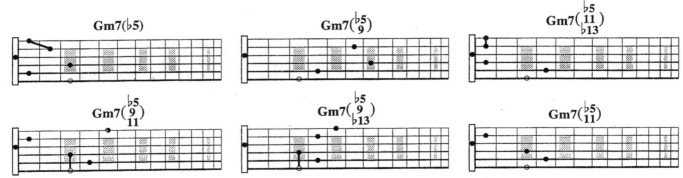

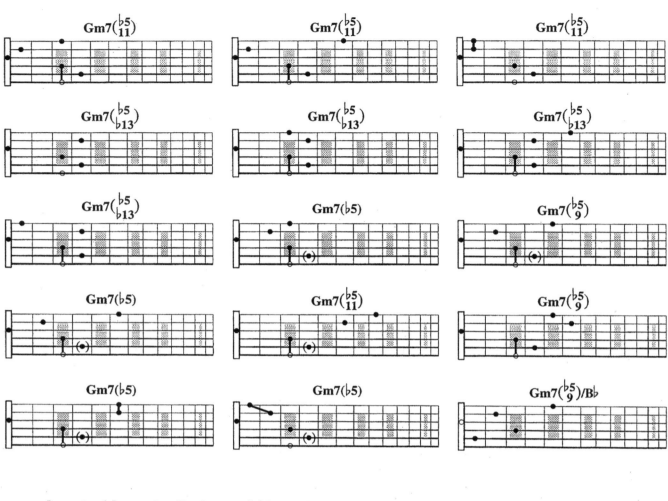

- sol sustenido meio-diminuto (lá bemol meio-diminuto)

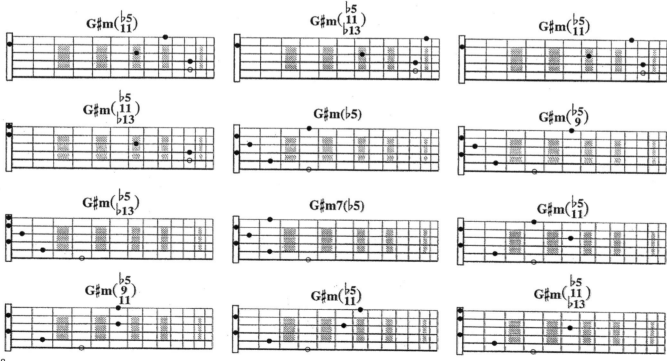

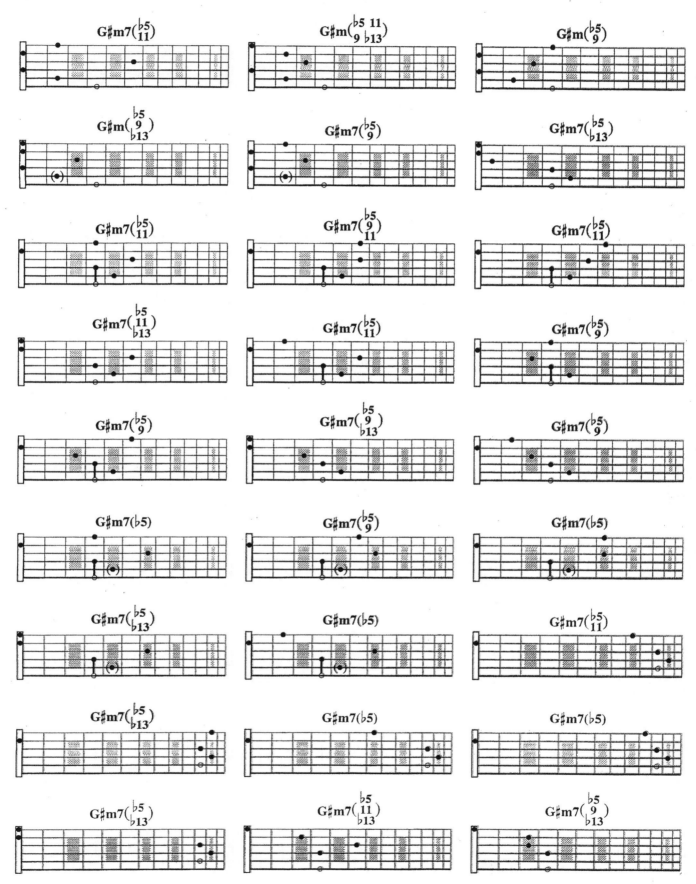

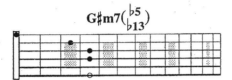
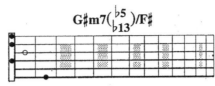
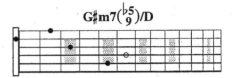

- **lá meio-diminuto**

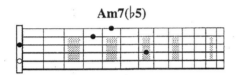
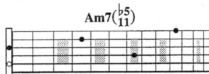
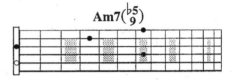
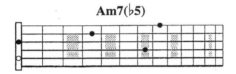
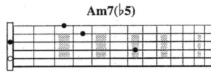
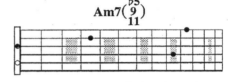
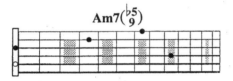
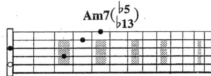
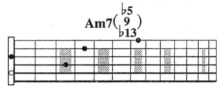
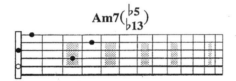
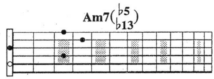
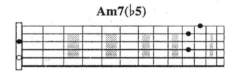
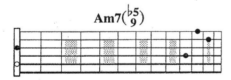
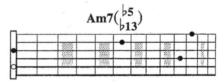
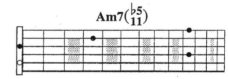
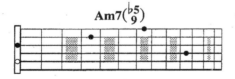
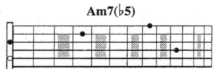
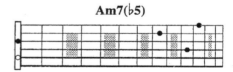
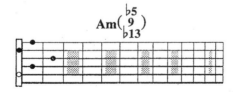
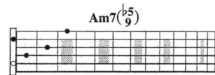
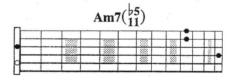
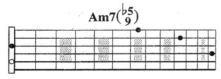
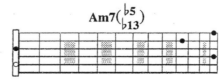
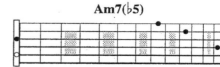

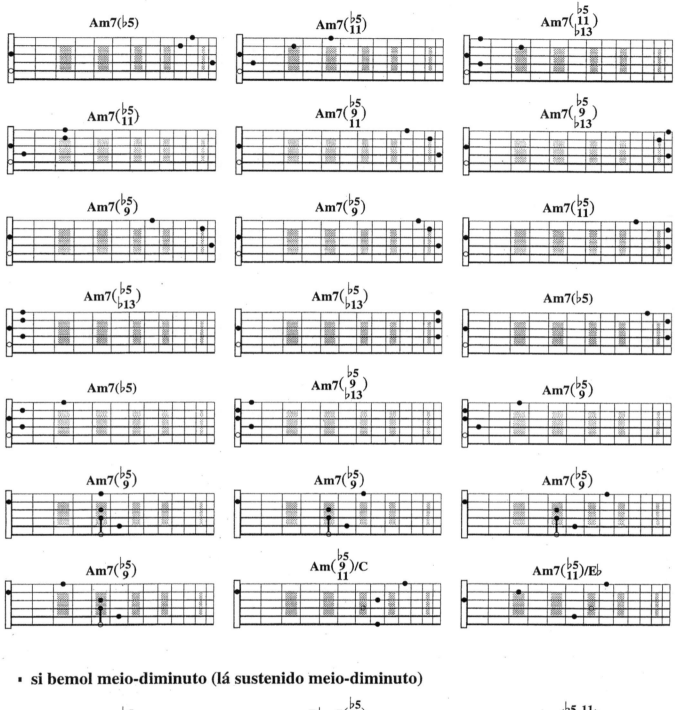

- si bemol meio-diminuto (lá sustenido meio-diminuto)

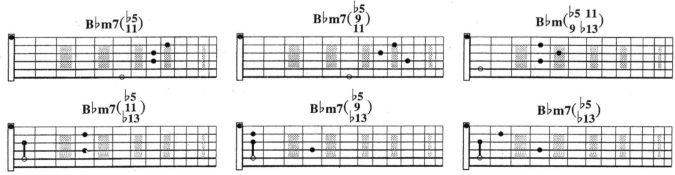

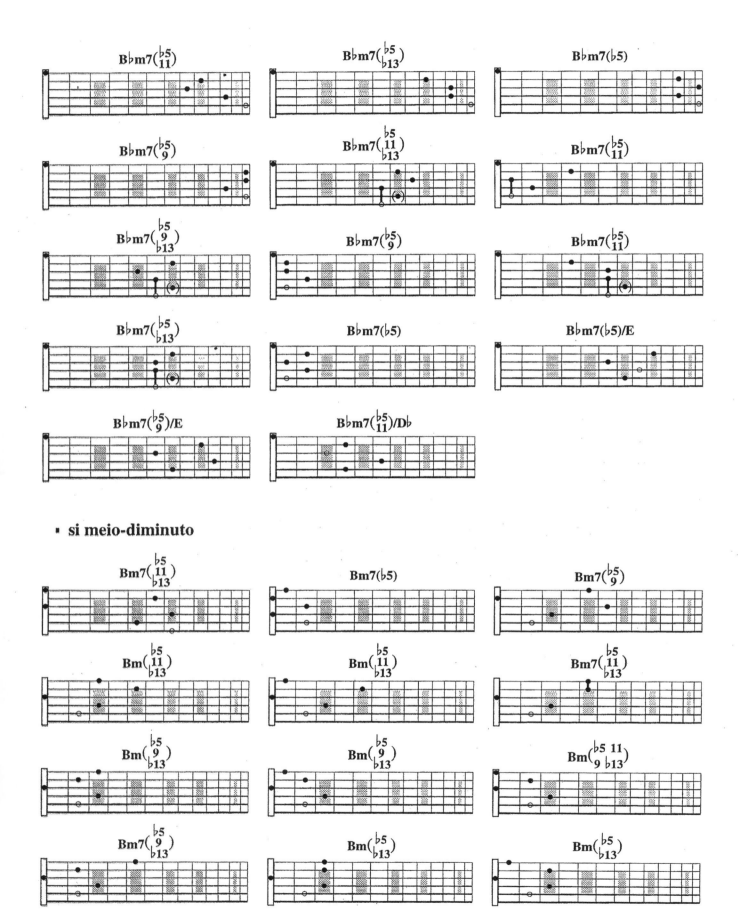

- si meio-diminuto

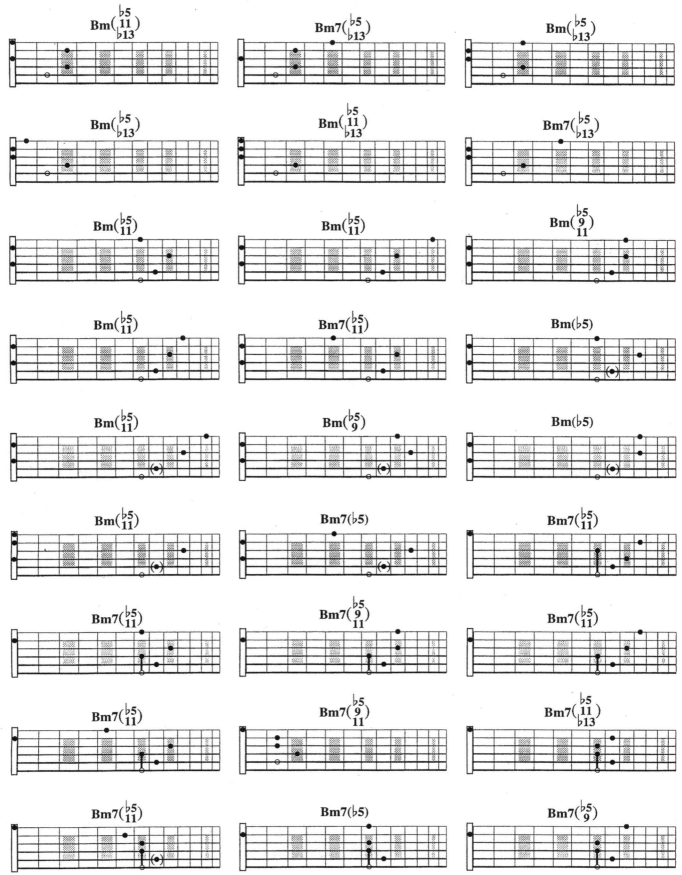

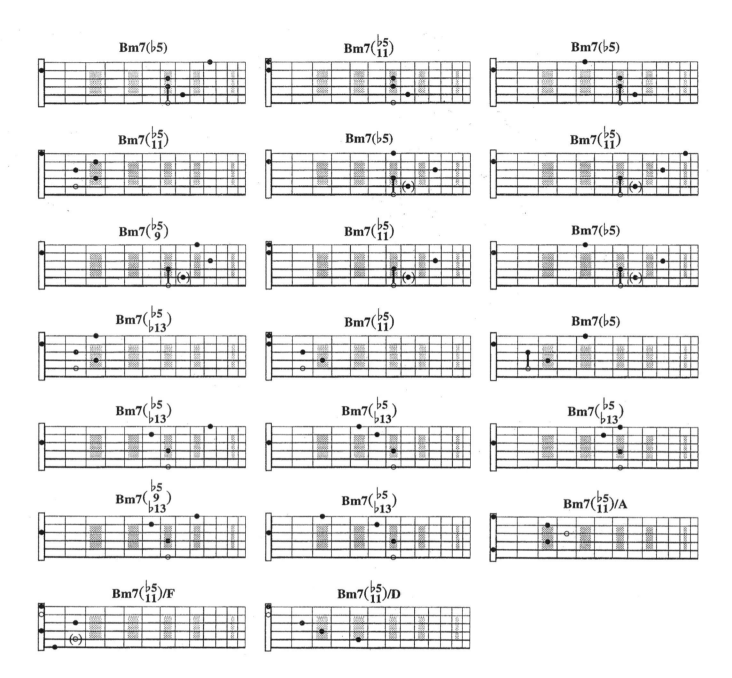

ACORDES SUSPENSOS

- **dó suspenso**

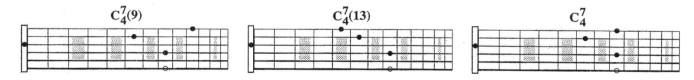

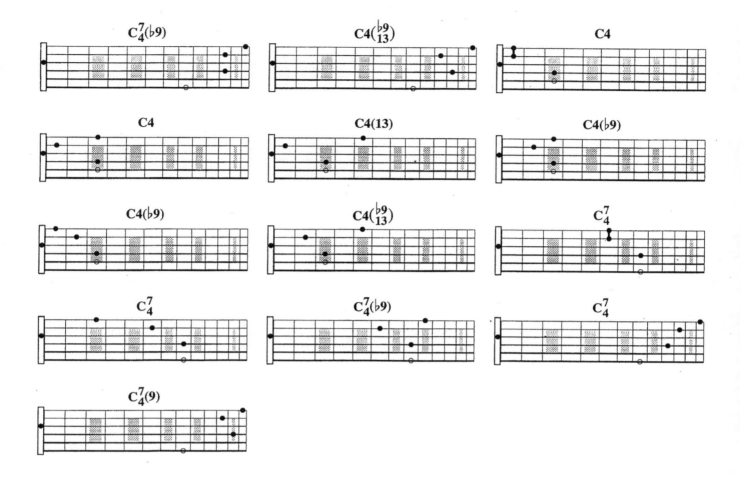

- **ré bemol suspenso (dó sustenido suspenso)**

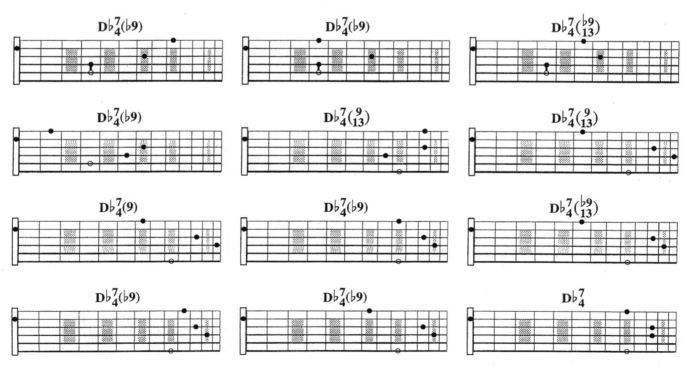

- ré suspenso

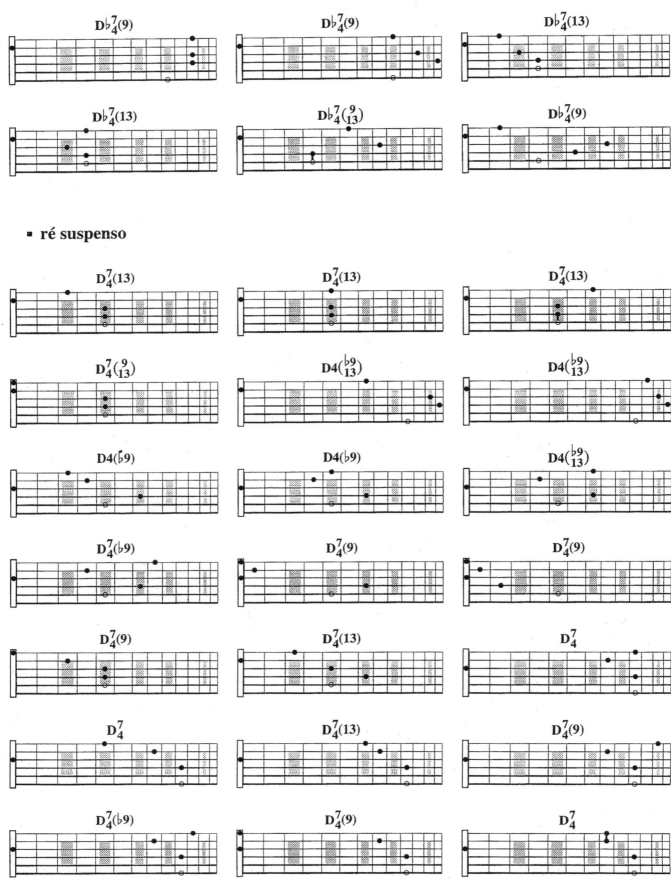

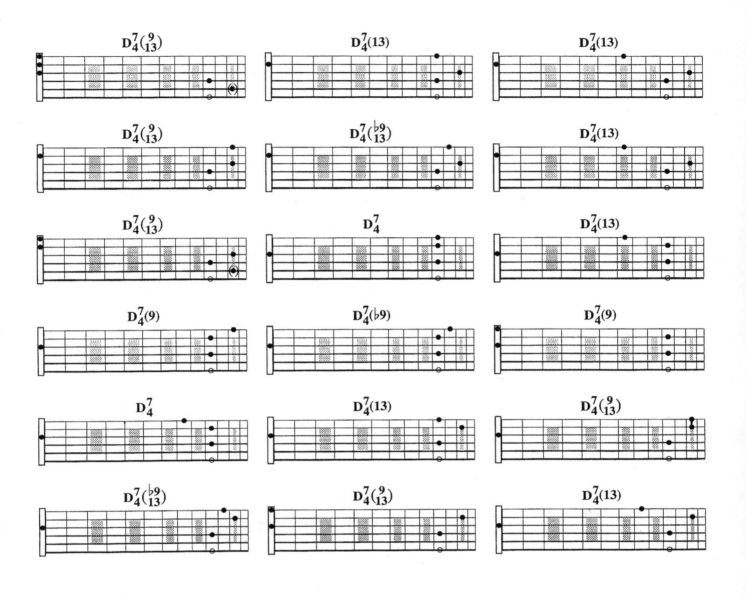

- **mi bemol suspenso (ré sustenido suspenso)**

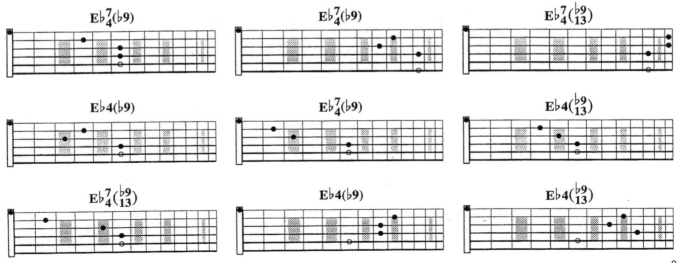

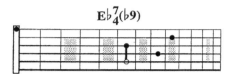
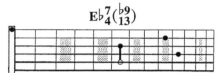

- **mi suspenso**

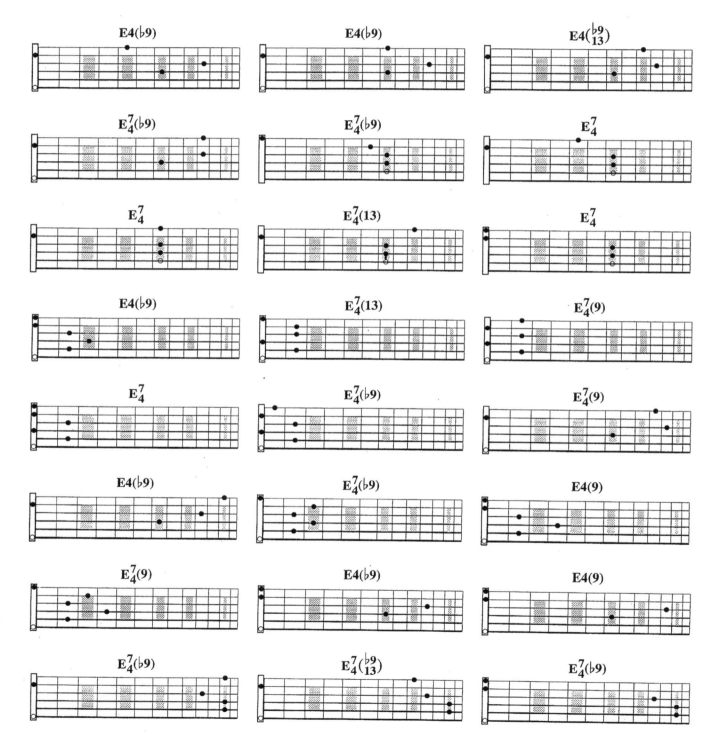

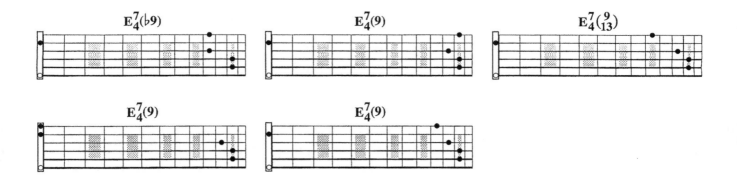

- **fá suspenso**

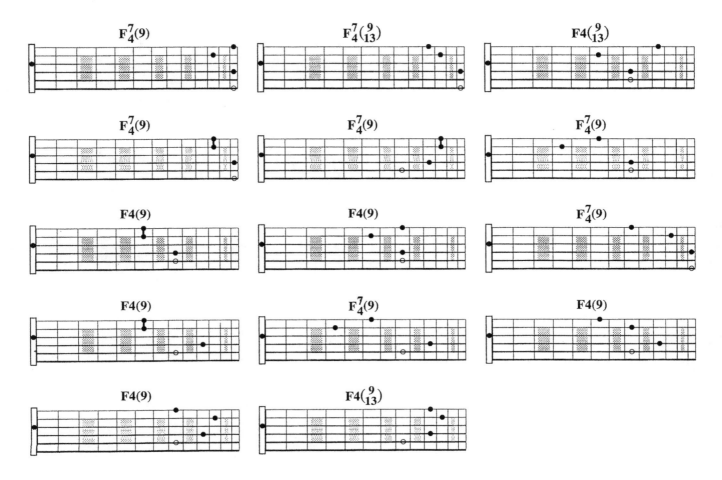

- **fá sustenido suspenso (sol bemol suspenso)**

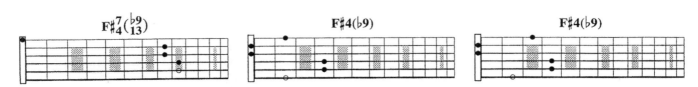

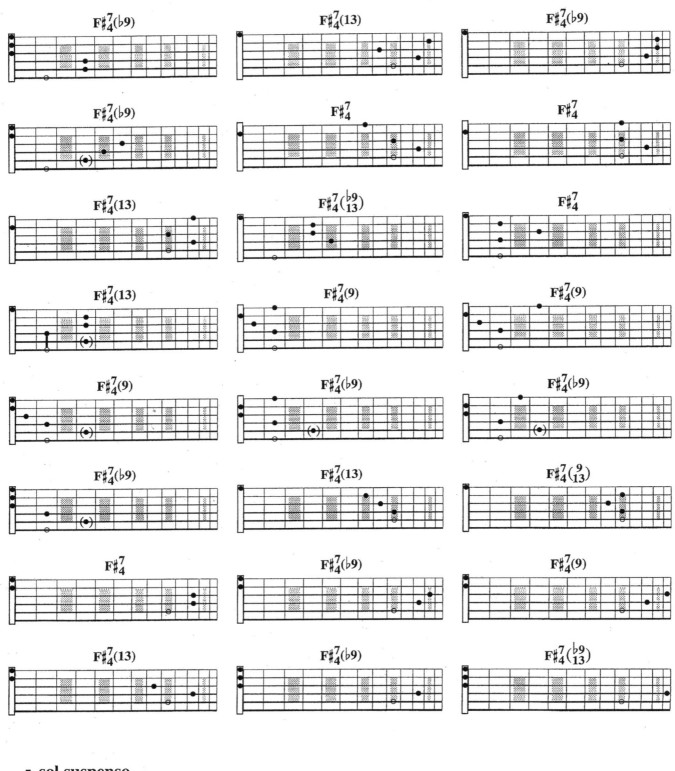

- **sol suspenso**

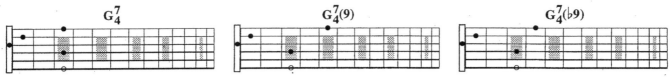

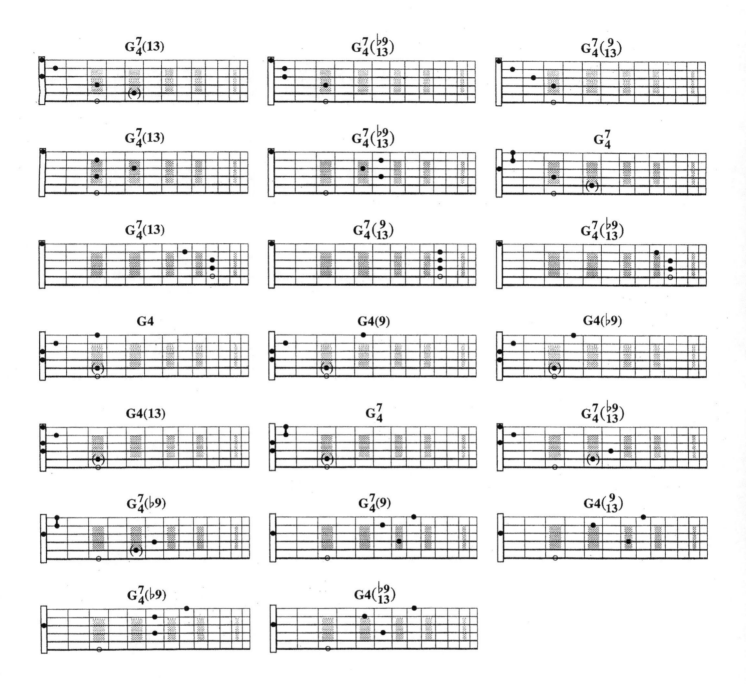

Obs.: Não é possível formar o acorde de lá bemol suspenso (sol sustenido suspenso) com cordas soltas. Portanto, seguiremos adiante com o acorde de lá suspenso.

- **lá suspenso**

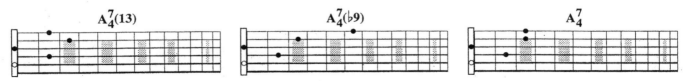

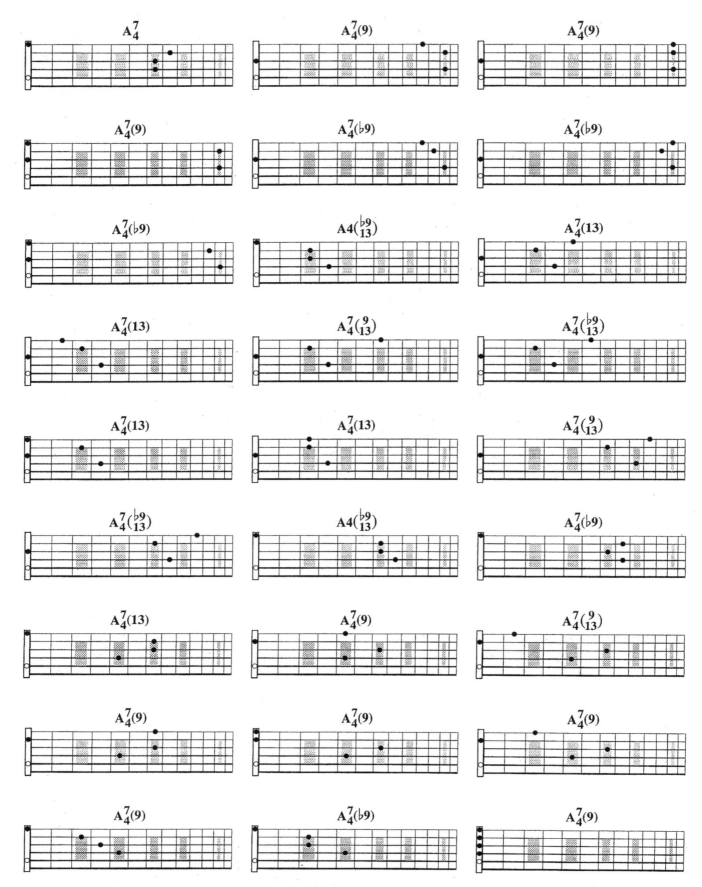

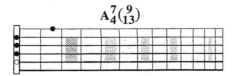
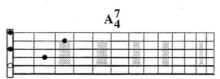

▪ si bemol suspenso (lá sustenido suspenso)

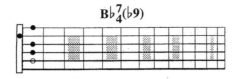
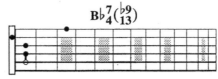
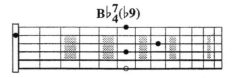

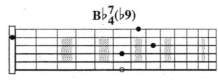
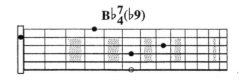
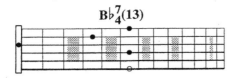
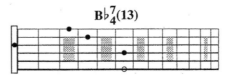

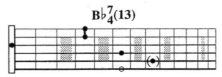
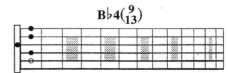

▪ si suspenso

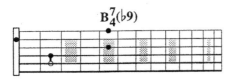
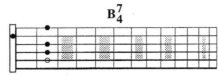
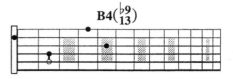
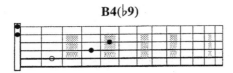
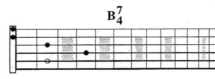
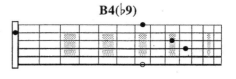
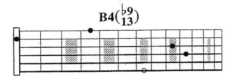
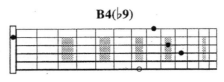
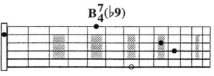

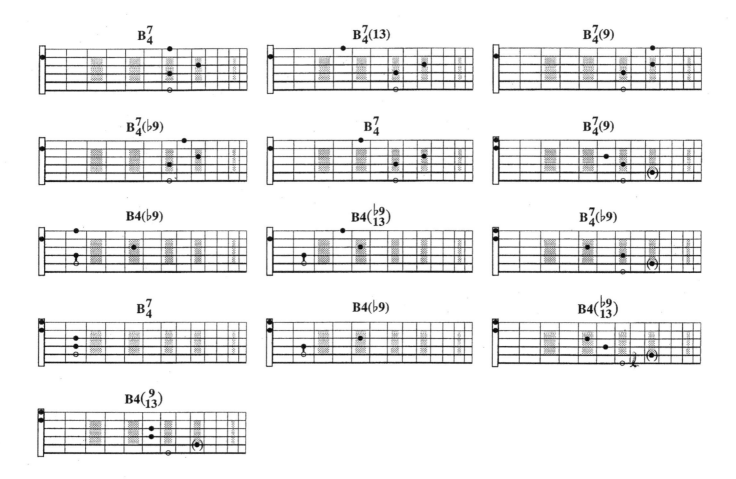

◻ ACORDES DIMINUTOS

Obs.: O acorde diminuto tem uma característica especial que merece ser destacada: as suas três inversões possuem a mesma forma do acorde no estado fundamental. Isto também vale para acordes com cordas soltas, só que a corda solta ficará pedal. Lembre-se que isto será mais uma opção no momento da ocorrência de um acorde diminuto, cabendo a você decidir utilizá-la ou não.

▪ dó diminuto

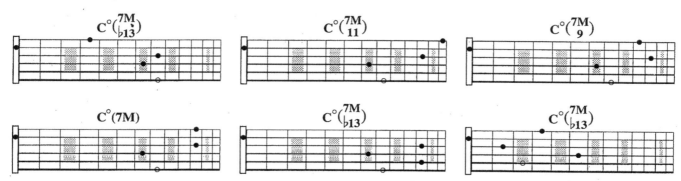

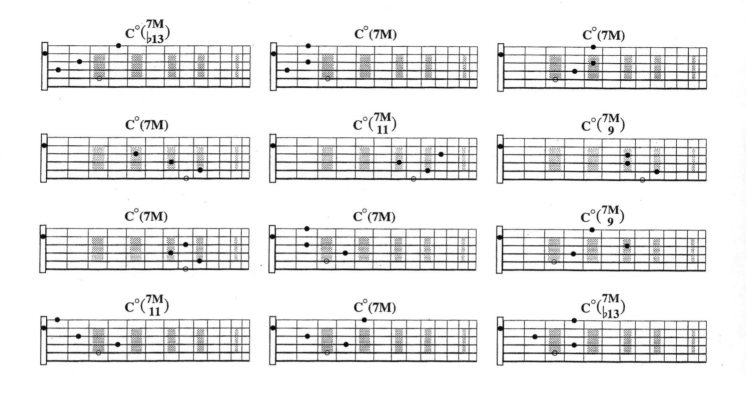

- **dó sustenido diminuto (ré bemol diminuto)**

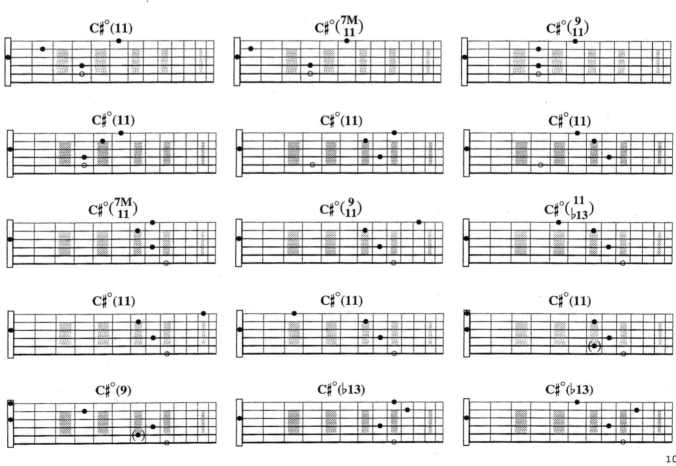

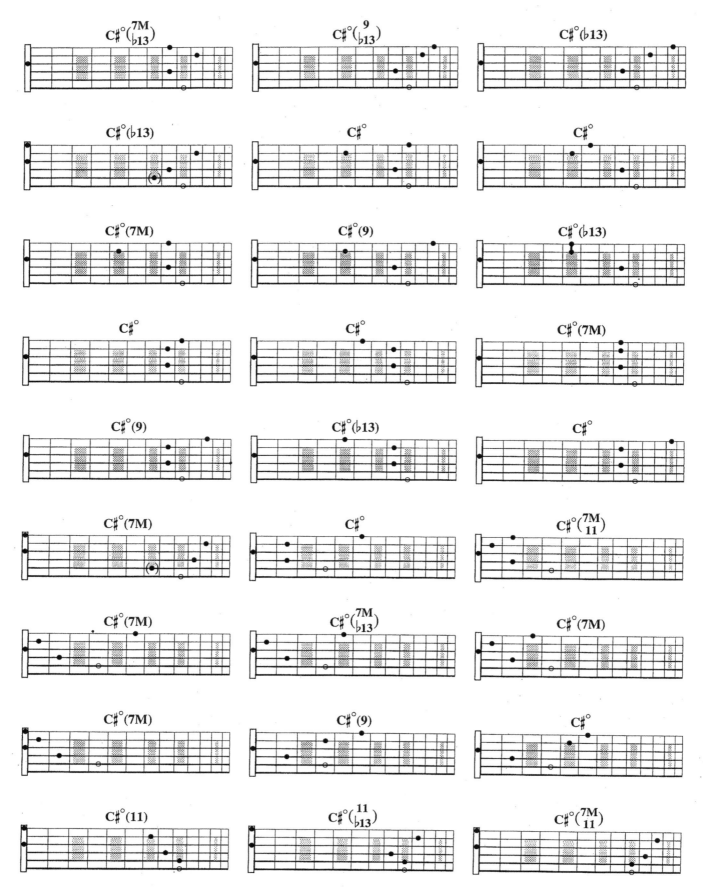

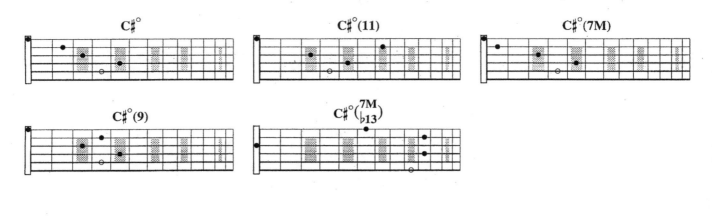

ré diminuto

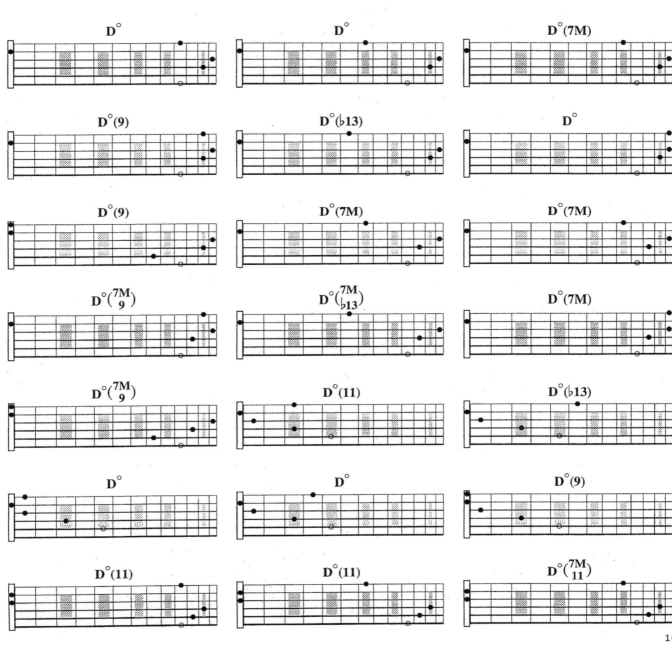

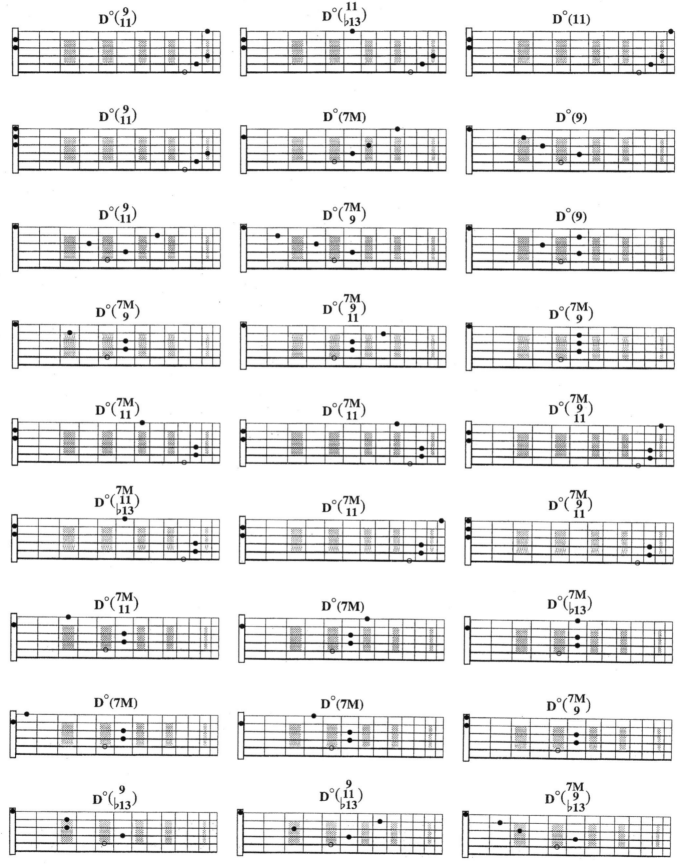

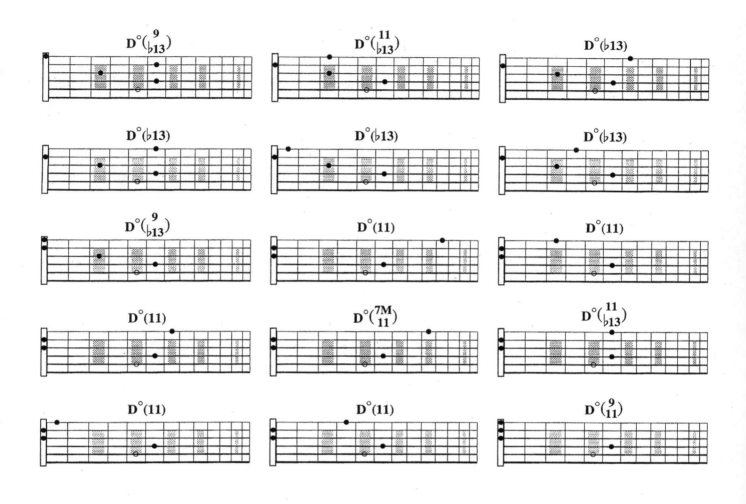

- **ré sustenido diminuto (mi bemol diminuto)**

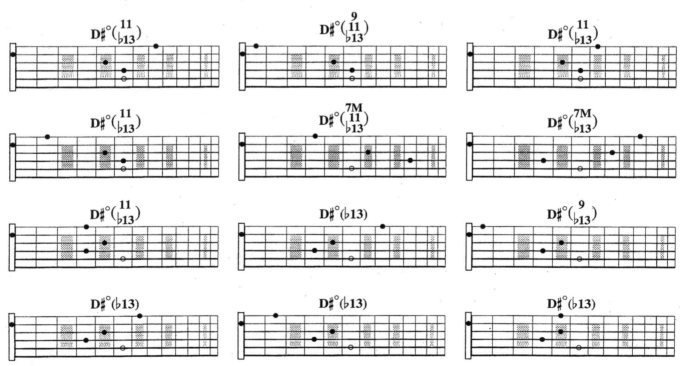

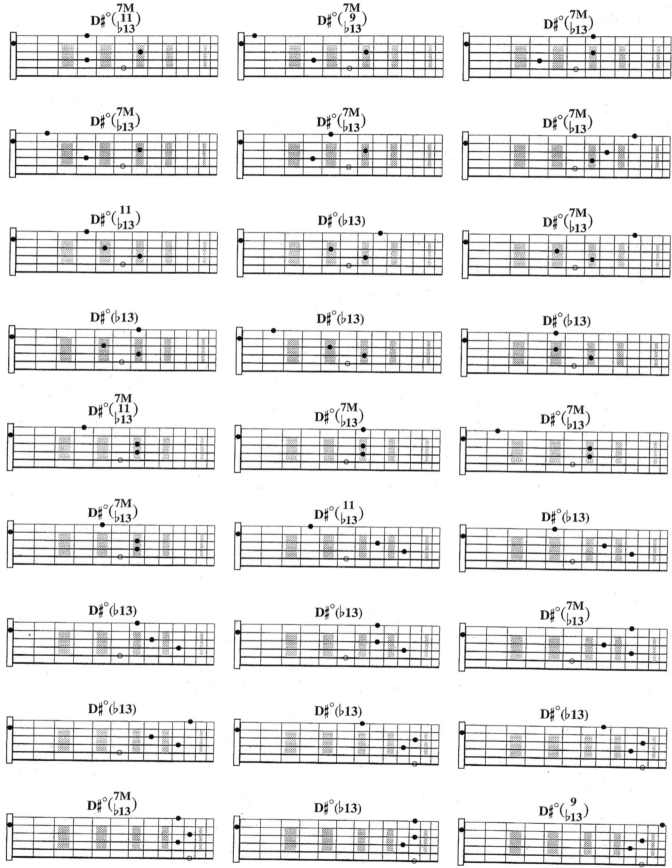

▪ mi diminuto

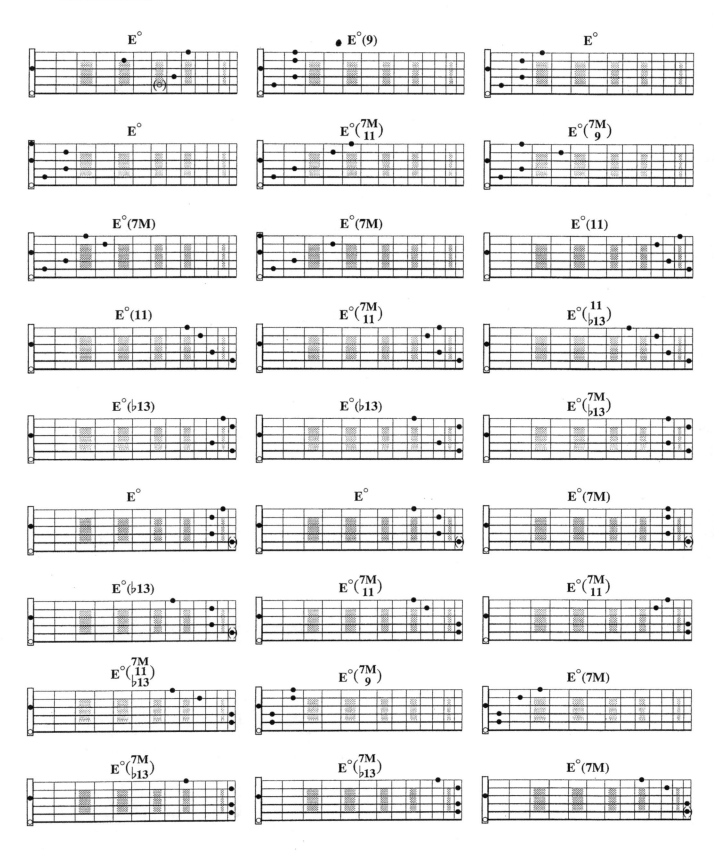

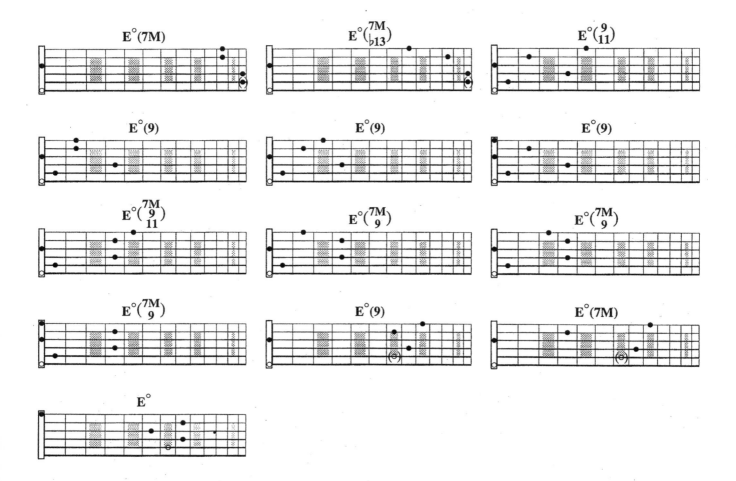

- **fá diminuto**

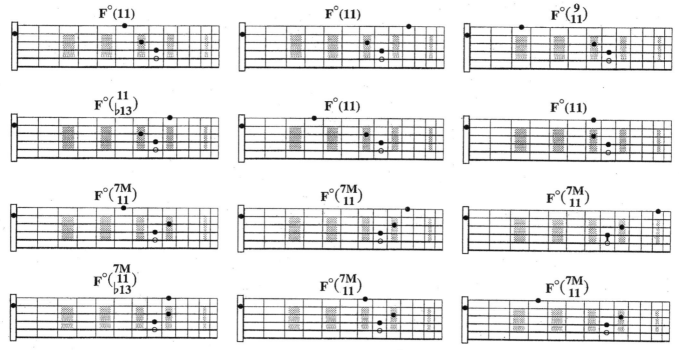

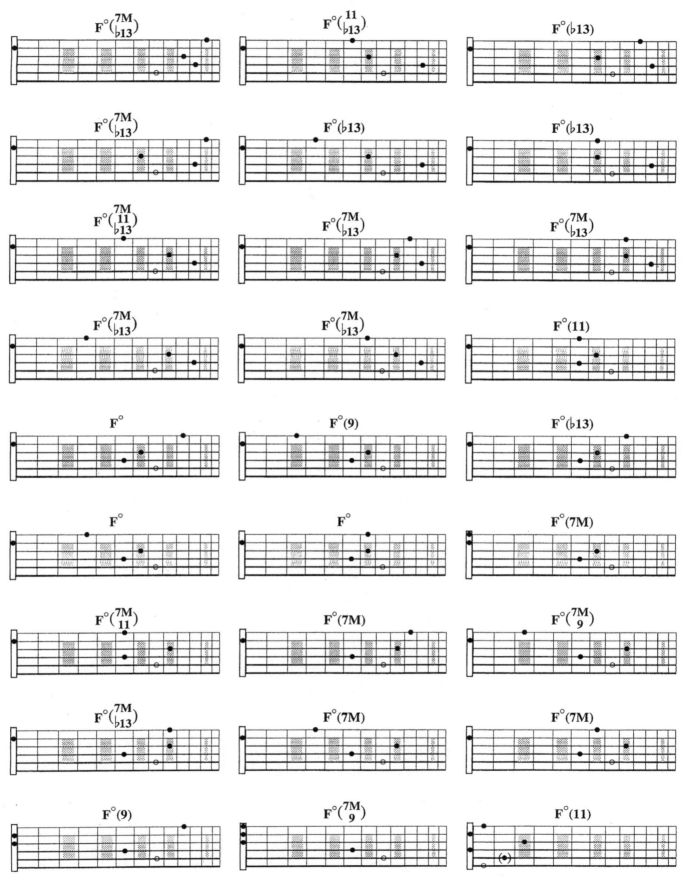

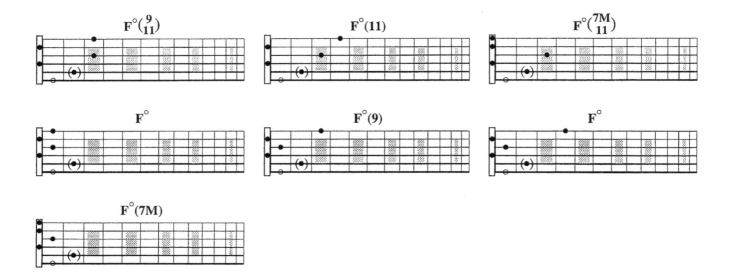

- **fá sustenido diminuto (sol bemol diminuto)**

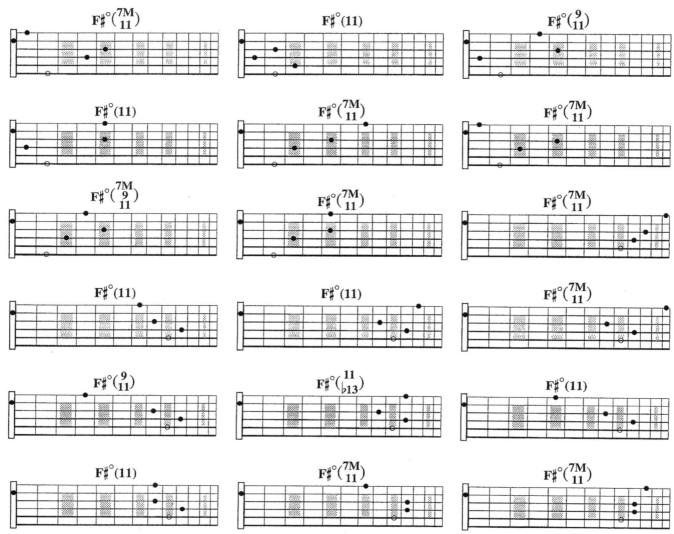

DICIONÁRIO DE ACORDES COM CORDAS SOLTAS

- **sol diminuto**

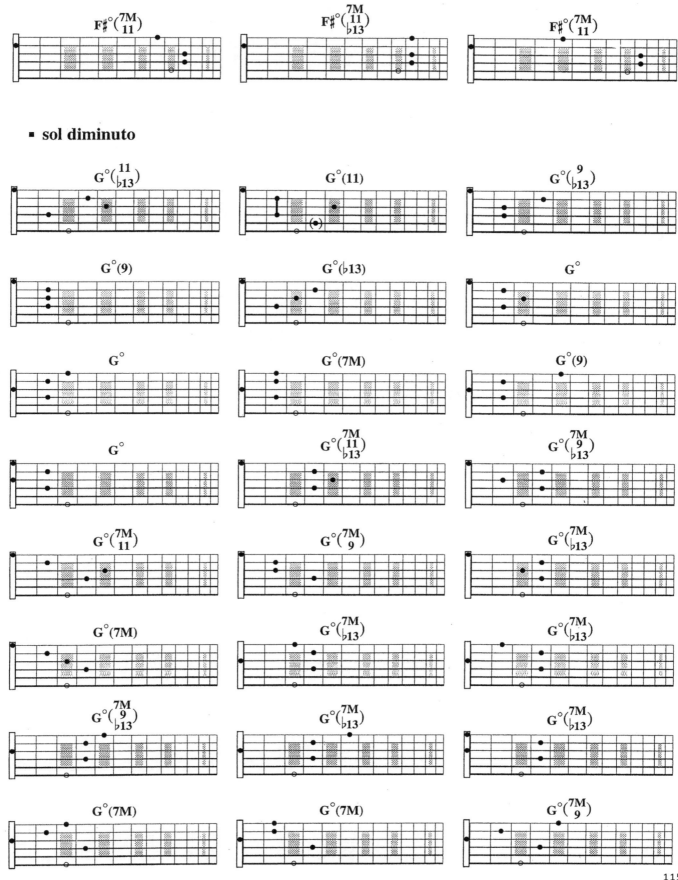

115

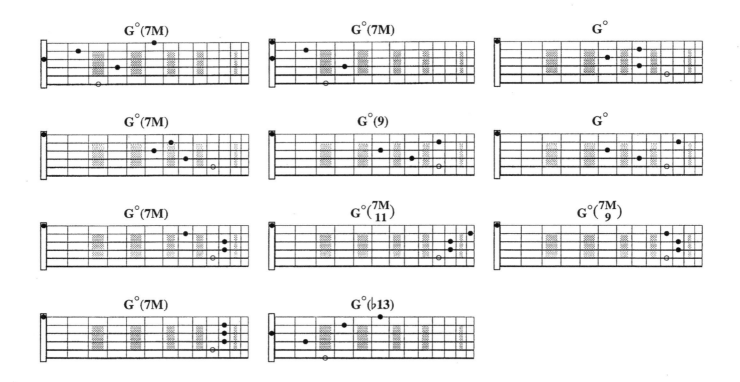

- **sol sustenido diminuto (lá bemol diminuto)**

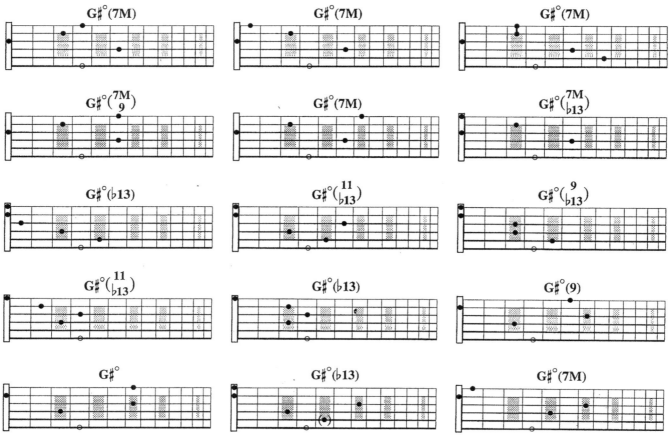

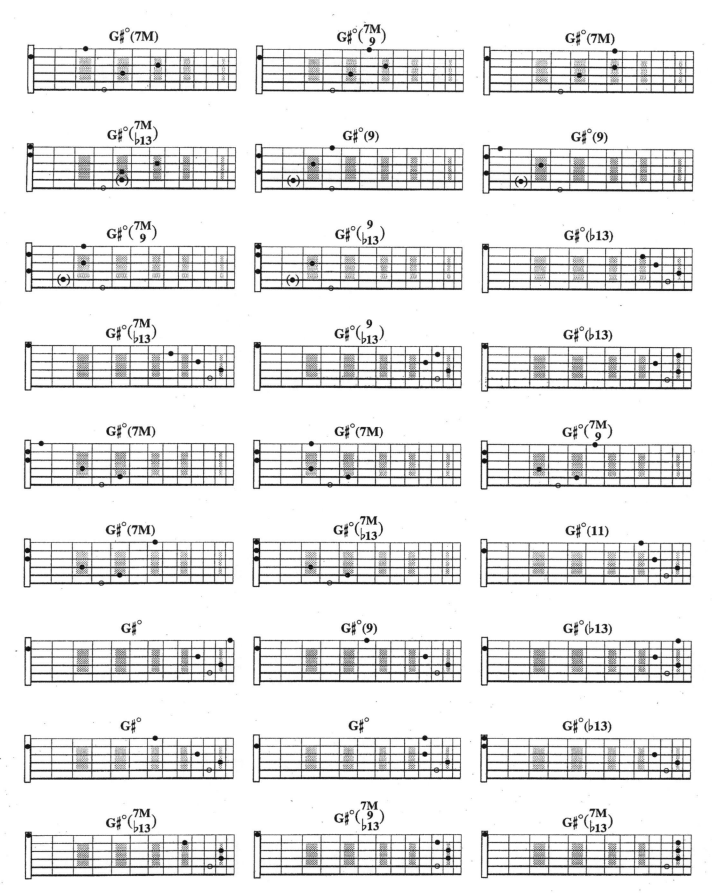

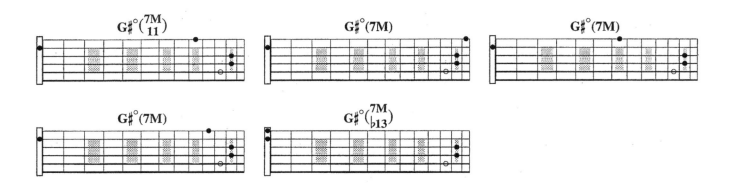

- **lá diminuto**

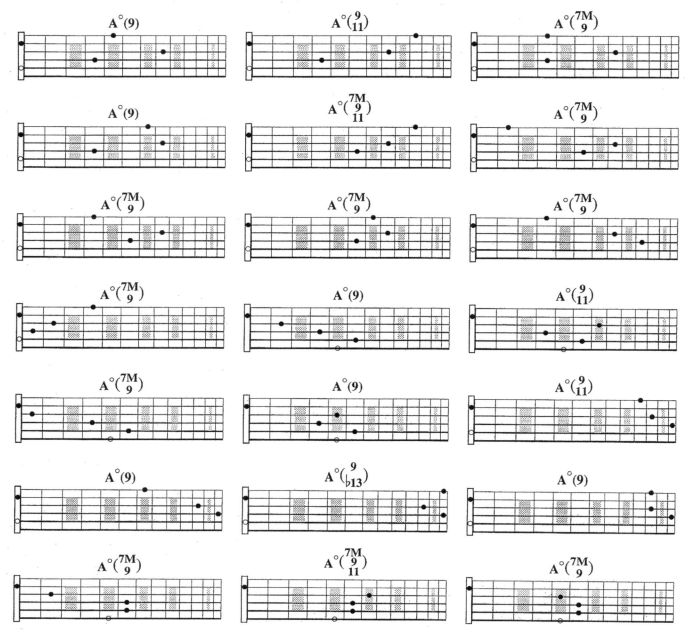

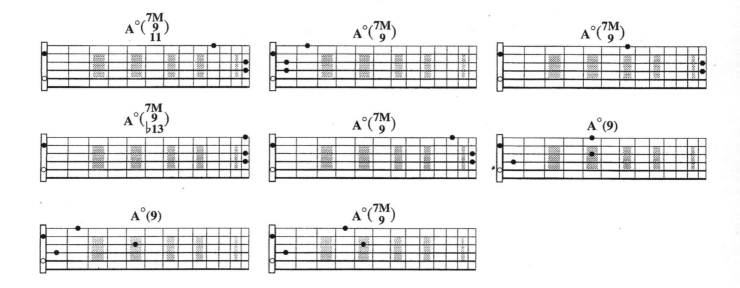

- **lá sustenido diminuto (si bemol diminuto)**

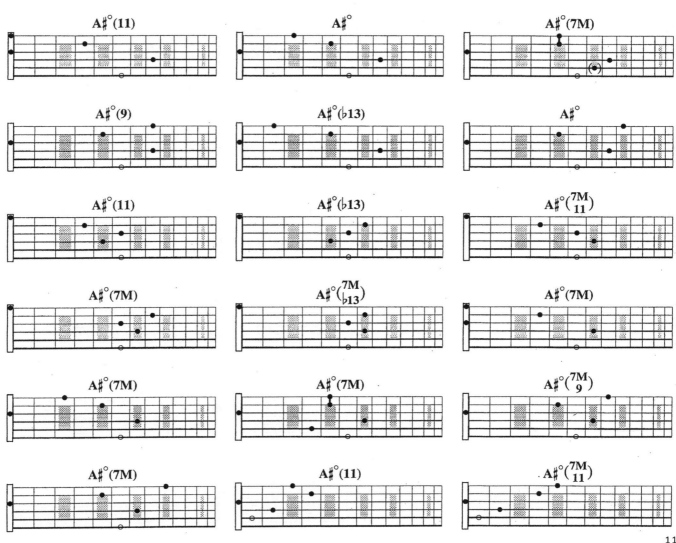

si diminuto

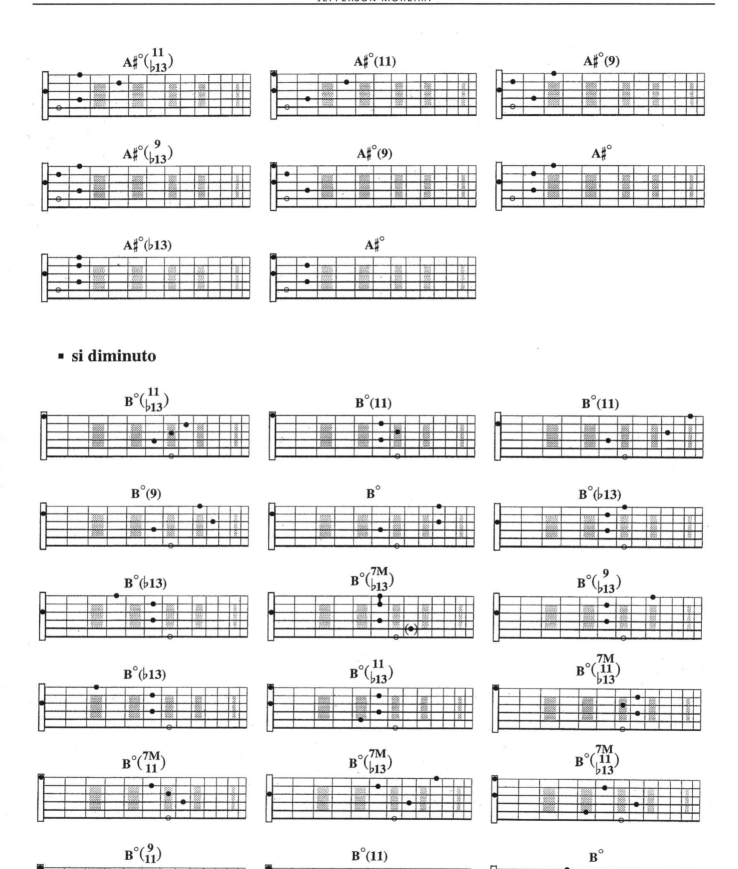

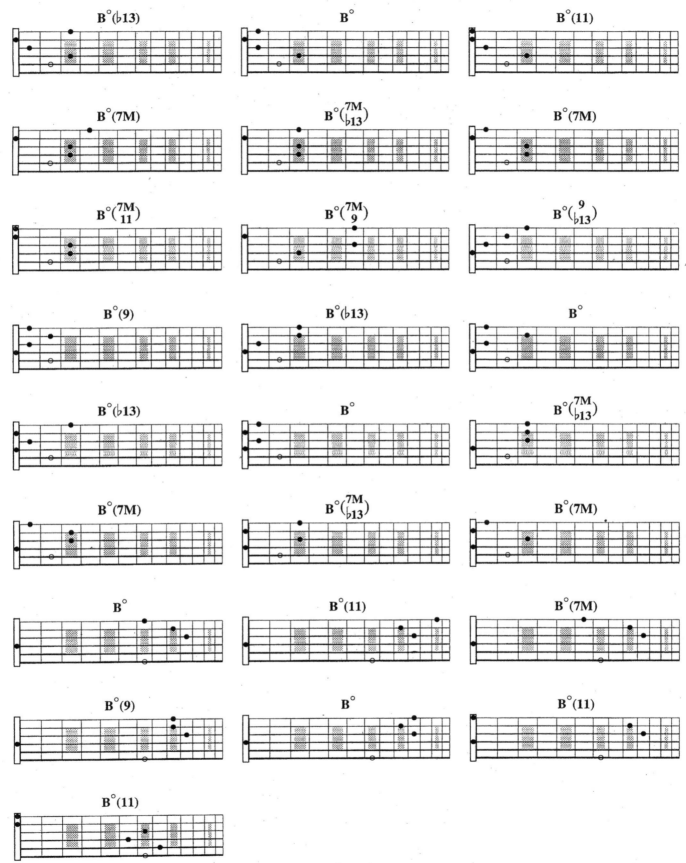

PARTE II

PROGRESSÕES

PROGRESSÕES

Agora utilizaremos alguns dos acordes da Parte I (dicionário de acordes) em progressões harmônicas. Resolvi restringir-me apenas ao uso de acordes com cordas soltas para que o leitor possa colocar em prática o que foi visto, embora não seja obrigatório usar somente estes acordes. Alguns, comentários serão feitos após as progressões, geralmente chamando a atenção para a melodia ou a linha de baixo da progressão ou, ainda, para uma nota pedal. Vale dizer que a melodia a qual estou me referindo é a formada pela "ponta" (nota mais aguda) dos acordes, e a linha de baixo, pela nota mais grave dos acordes. A nota pedal tanto pode ser uma corda solta comum a todos os acordes da progressão como uma nota pedal na melodia ou no baixo.

Acorde híbrido é o acorde que não possui terças, sendo assim, ele tanto poderá ser maior como menor, dependendo do contexto harmônico. É importante ressaltar que a cifra que o acorde híbrido estiver recebendo estará na realidade cifrando a "intenção" (maior ou menor) do acorde na progressão.

Ex.:

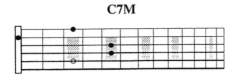

este é um acorde híbrido. Ele está cifrado como maior, mas poderia estar sendo cifrado como **Cm(7M)**. Nos dois casos, o que está cifrado é a "intenção" do acorde.

Equivalência de acordes: sempre que tivermos escalas sem "notas evitadas" poderemos usar este processo de substituição de acordes.

Ex.:

Na escala menor melódica não temos "notas evitadas", então:

$$Am6 = F\sharp m7(\flat 5) = G\sharp 7(alt) = D7\binom{9}{\substack{\sharp 11 \\ 13}} = C7M\binom{\sharp 5}{\substack{9 \\ \sharp 11}} = B^{7}_{4}\binom{\flat 9}{13}$$

PROGRESSÕES NAS TONALIDADES MAIORES

- **dó maior**

Progressão 1

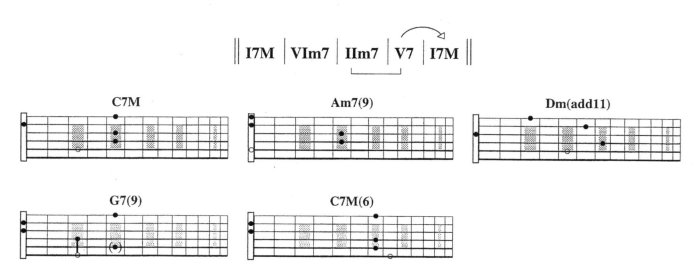

Progressão 2

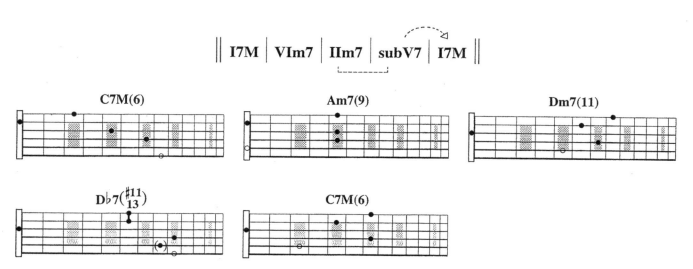

Progressão 3

$$\| \text{ I(add9) } | \text{ }\flat\text{III7M } | \text{ }\flat\text{VI7M } | \text{ }\flat\text{II7M } | \text{ I}(^{\text{add9}}_{\sharp 11}) \|$$

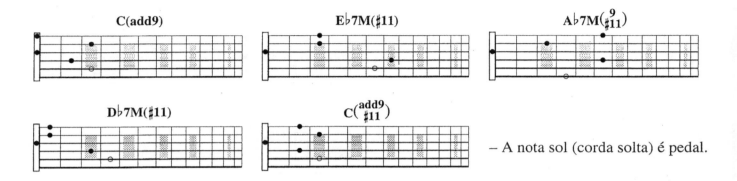

– A nota sol (corda solta) é pedal.

Progressão 4

$$\| \text{ I7M } | \text{ }\flat\text{III7M } | \text{ }\flat\text{VI7M } | \text{ }\flat\text{II7M } | \text{ I7M}(\sharp 11) \|$$

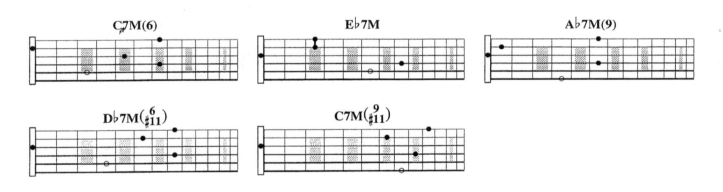

Progressão 5

$$\| \text{ I7M/5}^\text{a} | \text{ }\sharp\text{V}^\circ | \text{ IIm7/5}^\text{a} | \text{ VII}^\circ | \text{ I7M } \|$$

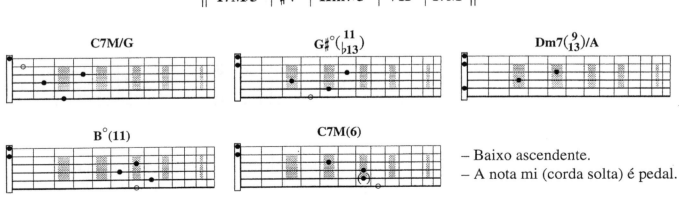

– Baixo ascendente.
– A nota mi (corda solta) é pedal.

Progressão 6

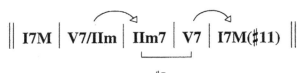

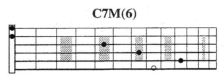

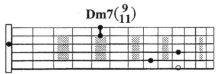

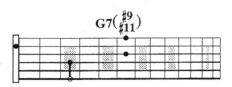
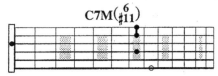

– Melodia ascendente.

Progressão 7

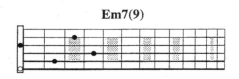
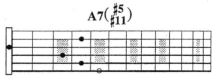
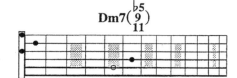

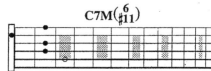

– Melodia cromática e ascendente.

Progressão 8

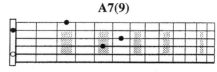

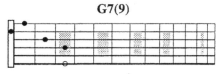

– Melodia descendente.
– A nota si (corda solta) é pedal.

Progressão 9

$$\| \text{IIIm7} \mid \text{V7/IIm} \mid \text{IIm7} \mid \text{subV7} \mid \text{I(add9)} \|$$

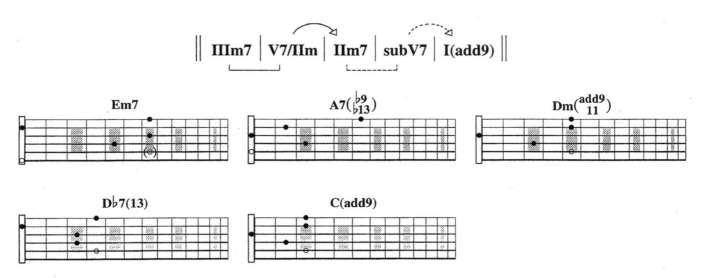

– Melodia descendente e cromática.

Progressão 10

A progressão abaixo está disfarçada. Podemos analisá-la assim:

$$\| \text{I(add9)} \mid \text{(V7/IIm)} \mid \text{IIm7/5}^{\text{a}} \mid \text{(V7)} \mid \text{I7M/5}^{\text{a}} \|$$

Pela equivalência dos acordes na escala menor melódica, temos:

$$[\text{B}\flat\text{m6} = \text{A7(alt)};\ \text{A}\flat\text{m6} = \text{G7(alt)}]$$

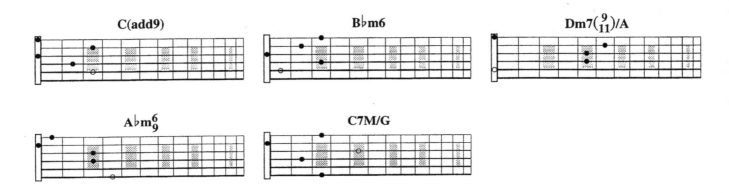

– Baixo descendente.

Progressão 11

$$\| \text{ I(add9)/5}^{\text{a}} \mid \text{V7/7}^{\text{a}}\text{/IIm} \mid \text{V}_4^7 \mid \text{V7(9) V7(}\flat\text{9)} \mid \text{I6/5}^{\text{a}} \|$$

Note que no quarto compasso aparecem dois acordes [G7($^9_{13}$) e G7($\flat$9)].

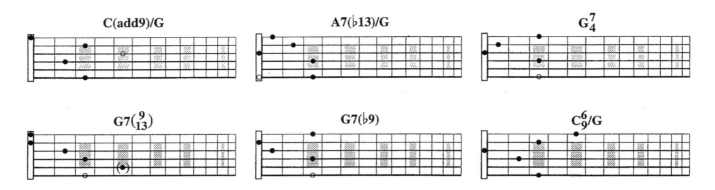

– O baixo é pedal.

Progressão 12

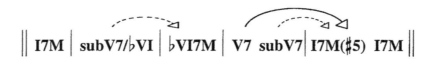

Note que no quarto compasso aparecem dois acordes [**G7($\flat$9)** e **D$\flat$7($\sharp$11)**] e no último compasso também [**C7M($\sharp$5)** e **C7M(6)**].

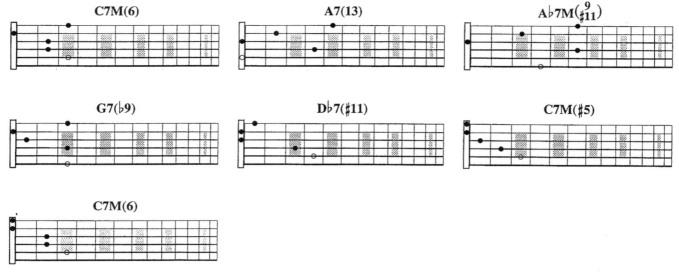

Progressão 13

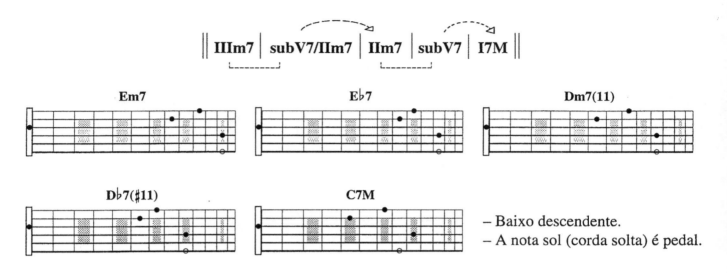

- Baixo descendente.
- A nota sol (corda solta) é pedal.

Progressão 14

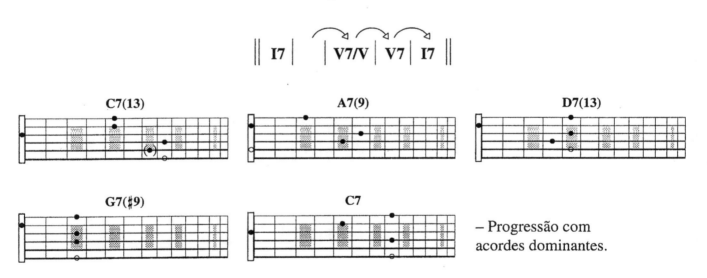

- Progressão com acordes dominantes.

- **ré bemol maior (dó sustenido maior)**

Obs.: É importante dizer que todos os acordes de ré bemol maior (dó sustenido maior) apresentam a tensão não-diatônica (#11). Esta tensão é a única corda solta (sol) disponível neste acorde. Um outro detalhe que vale a pena ser lembrado é a impossibilidade de formar o acorde de mi bemol menor (ré sustenido menor) com cordas soltas (que, no caso, seria o segundo grau menor da tonalidade de ré bemol maior (dó sustenido maior)).

Progressão 1

$$\| \text{ I7M(}\sharp\text{11)} \mid \flat\text{III7M} \mid \flat\text{VI7M} \mid \flat\text{II6} \mid \text{I7M(}\sharp\text{11)} \|$$

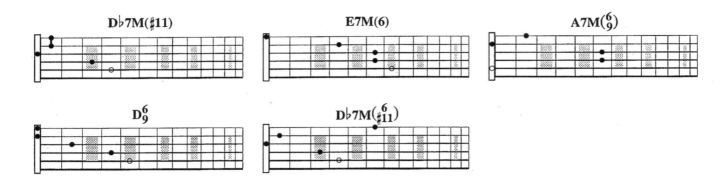

Progressão 2

$$\| \text{ I(add}\sharp\text{11)} \mid \quad \mid \text{subV7/subV7} \mid \text{subV7} \mid \text{I7M(}\sharp\text{11)} \|$$

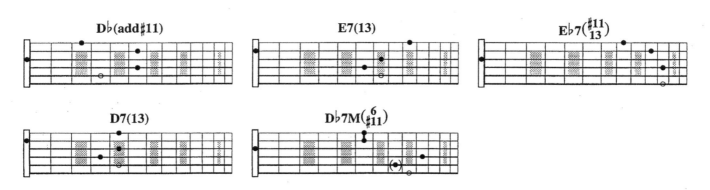

Progressão 3

$$\| \text{ I6(}\sharp\text{11)} \mid \quad \mid \text{V7/V} \mid \text{V7} \mid \text{I}\binom{\text{add9}}{\sharp 11} \|$$

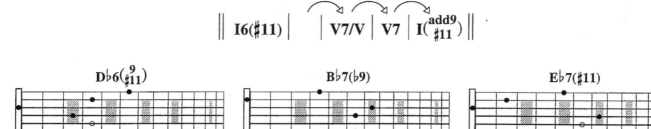
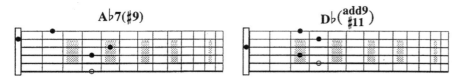

Progressão 4

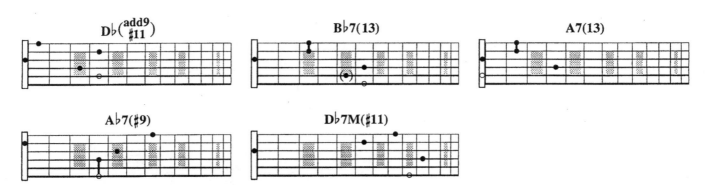

Progressão 5

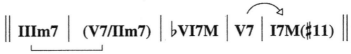
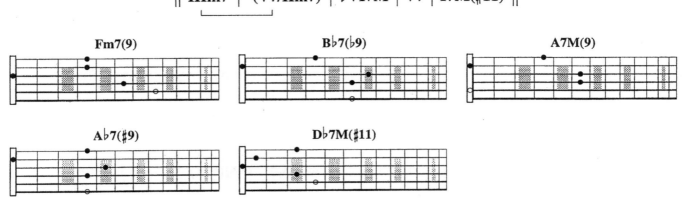

Progressão 6

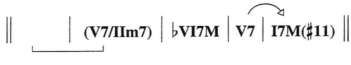
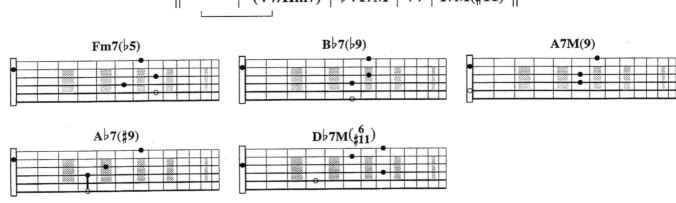

Progressão 7

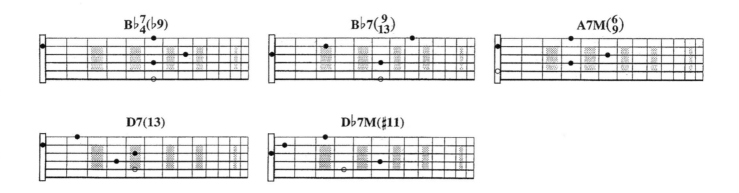

Pela equivalência dos acordes na escala menor melódica, temos:

$$[Bb^{7}_{4}(b9) = Fm7(b5)]$$

Progressão 8

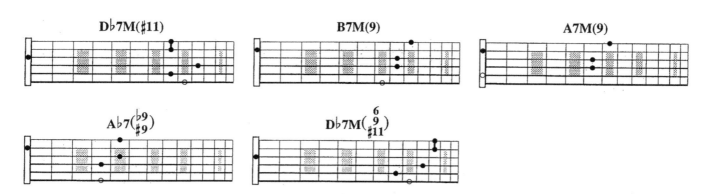

Progressão 9

Esta progressão está disfarçada. Podemos analisá-la assim:

$$\| \; \text{I7M}(\sharp 11) \; | \; (\text{V7}) \; | \; (\text{V7}) \; | \; \text{VII}^\circ \; \text{VII}^\circ/3^{\underline{a}} \; | \; \text{I7M}(\sharp 11) \; \|$$

Pela equivalência dos acordes na escala menor melódica, temos:

$$[\text{A}\flat 7(\text{alt}) = \text{Am}(7\text{M})]$$

Note que no quarto compasso aparecem dois acordes $[\text{C}^\circ(^{7M}_{\flat 13})$ e $\text{E}\flat^\circ(\flat 13)]$. Repare que o acorde $\text{E}\flat^\circ(\flat 13)$ pode ser visto como uma inversão de $\text{C}^\circ(^{7M}_{\flat 13})$.

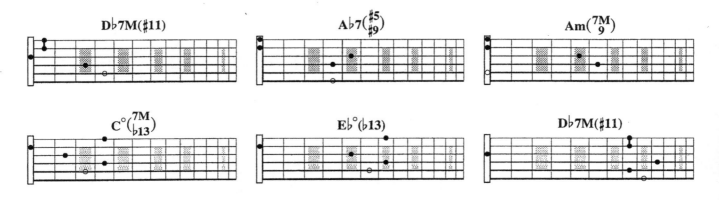

Progressão 10

$$\| \; \text{I7M}(\sharp 11) \; | \; \text{IVm7} \; | \; \sharp\text{IV}^\circ \; | \; \text{V7} \; | \; \text{I7M}(\sharp 11) \; \|$$

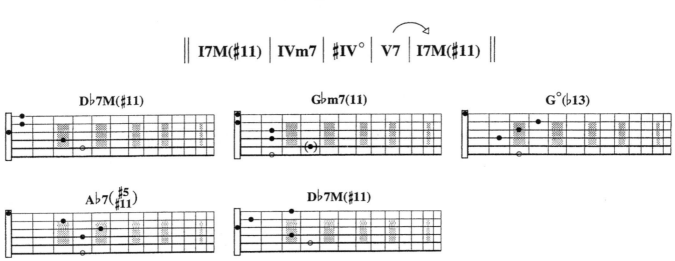

- **ré maior**

Progressão 1

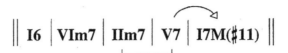
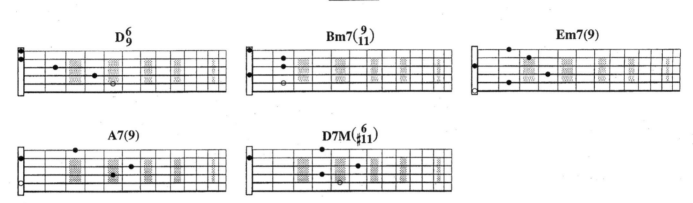

Progressão 2

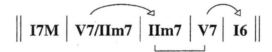
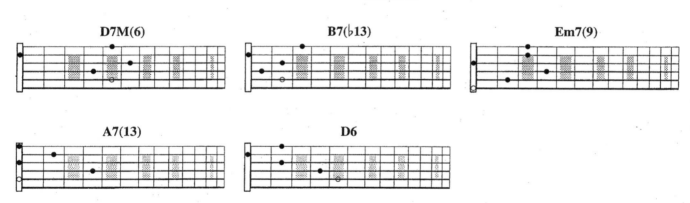

Progressão 3

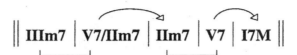

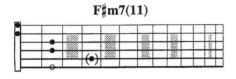
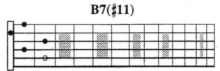
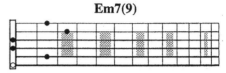

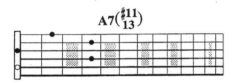
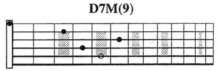

Progressão 4

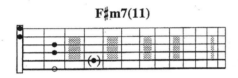
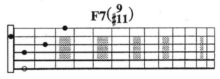
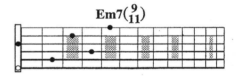

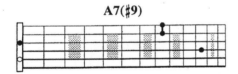
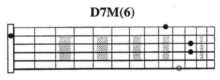

– Melodia ascendente.

Progressão 5

|| I7M | bIII7M | bVI7M | bII7M | I7M ||

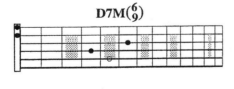
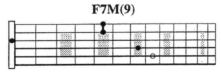

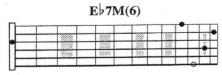

– Melodia ascendente.

Progressão 6

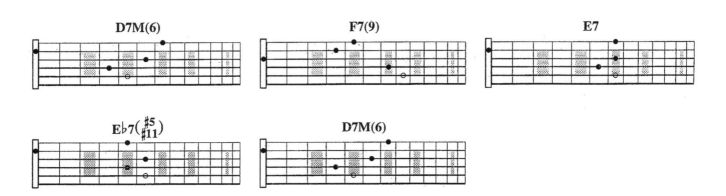

– As notas si e lá se alternam na melodia.

Progressão 7

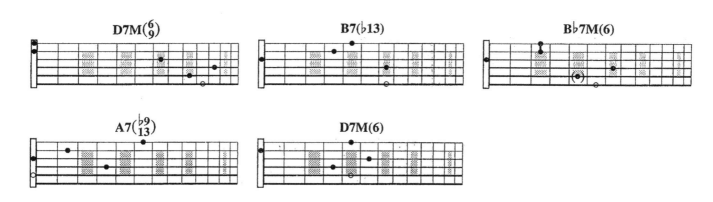

Progressão 8

$$\| \; V^7_4(\flat 9)/IIm7 \; | \; (V7/IIm7) \; \| \; V^7_4 \; | \; V7 \; | \; I7M(\sharp 5) \; \; I7M \; \|$$

Pela equivalência dos acordes na escala menor melódica, temos:

$$[B^7_4(\flat 9) = F\sharp m7(\flat 5)]$$

Note que no último compasso aparecem dois acordes [**D7M(♯5)** e **D7M(6)**].

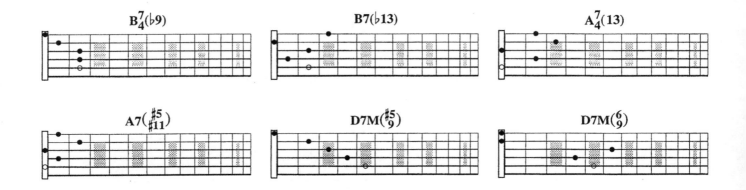

Progressão 9

$$\| \; \; | \; V7/IIm7 \; | \; IIm7 \; | \; V7 \; | \; I7M(\sharp 11) \; \|$$

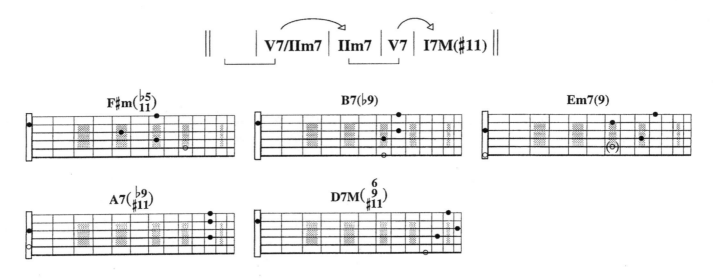

— Melodia ascendente.

Progressão 10

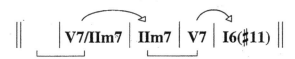

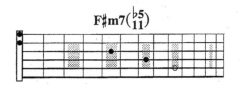
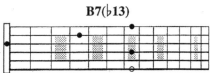
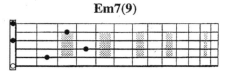

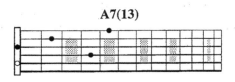

Progressão 11

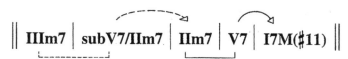

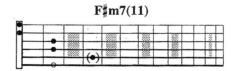
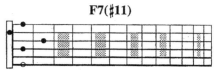
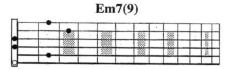

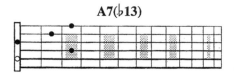
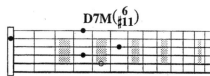

– Melodia ascendente e cromática.

Progressão 12

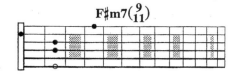
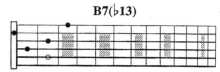
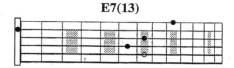

– Final com acorde dominante [D7(13)].

Progressão 13

$$\| \text{ I7M } | \text{ \#I}° | \text{ IIm7 } | \text{ subV7 } | \text{ I7M } \|$$

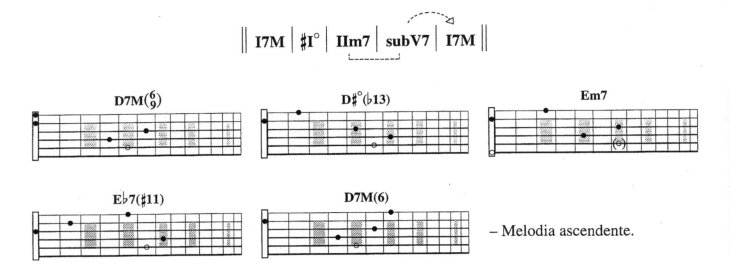

– Melodia ascendente.

Progressão 14

$$\| \text{ I7M/5}^{\text{a}} \,|\, \text{(V7/7}^{\text{a}}\text{/IIm7)} \,|\, V^{7}_{4} \,|\, V7 \,|\, \text{I6/5}^{\text{a}} \|$$

Obs.: O acorde diminuto pode ser usado como substituto do acorde 7(♭9).

Ex.: $B7 = [A°, F\#°, D\#°, C°]$

A observação acima explica o acorde de $A°$ no lugar de $B7$ [(V7/IIm) da tonalidade de ré maior].

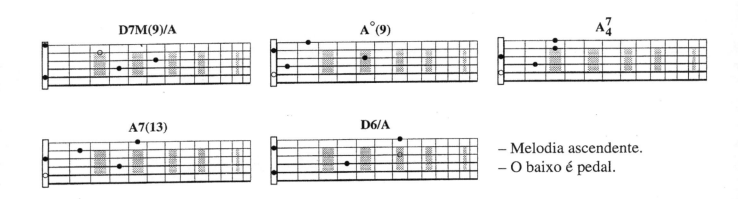

– Melodia ascendente.
– O baixo é pedal.

- **mi bemol maior (ré sustenido maior)**

Progressão 1

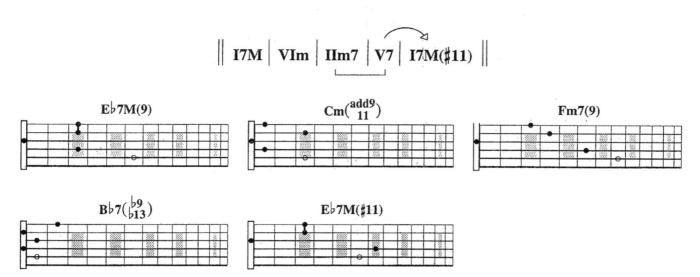

Progressão 2

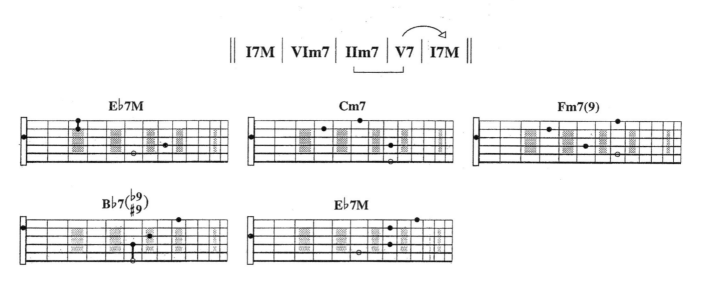

– Melodia ascendente.

Progressão 3

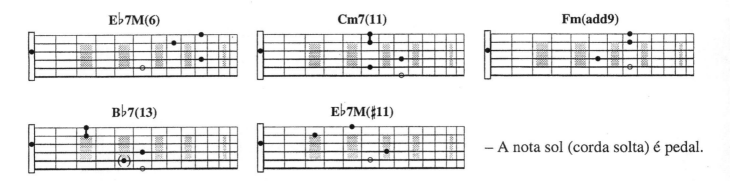

– A nota sol (corda solta) é pedal.

Progressão 4

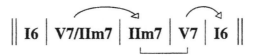

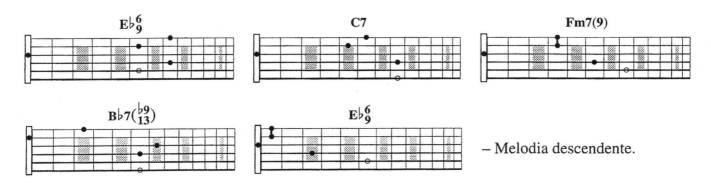

– Melodia descendente.

Progressão 5

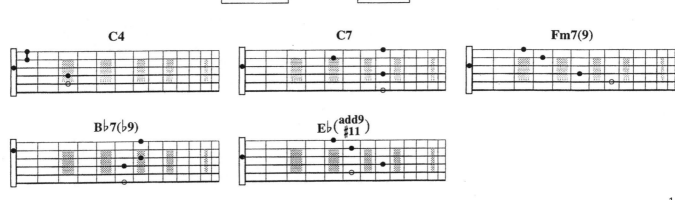

Progressão 6

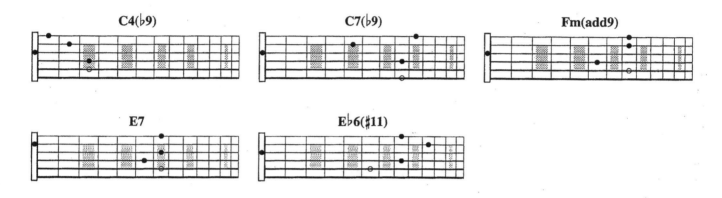

Pela equivalência dos acordes na escala menor melódica, temos:

$$[C4(\flat 9) = Gm7(\flat 5)]$$

Progressão 7

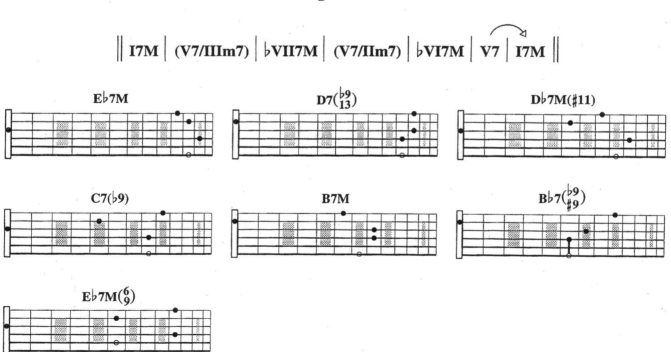

Progressão 8

|| I6 | VIm | ♭VI7M | V7 | I7M ||

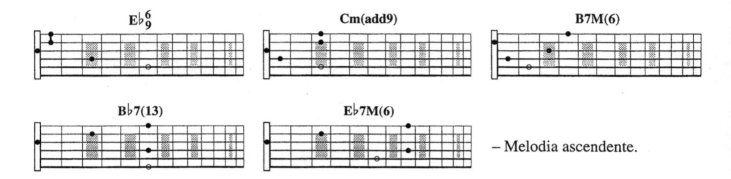

– Melodia ascendente.

Progressão 9

|| I7M | ♭VII7M | ♭VI7M | ♭II6 | I7M(♯11) ||

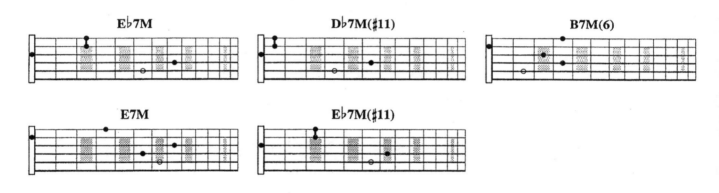

Progressão 10

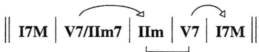

|| I7M | V7/IIm7 | IIm | V7 | I7M ||

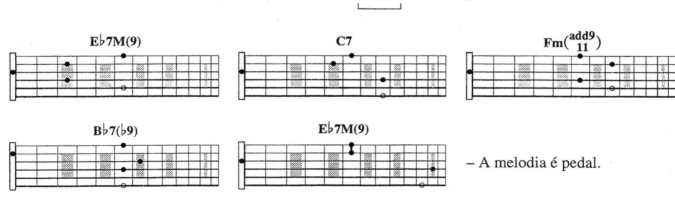

– A melodia é pedal.

Progressão 11

$$\| \text{I6} \mid \text{VIm7} \mid \text{IIm7}(\flat 5) \mid \text{V7} \mid \text{I7M}(\sharp 11) \|$$

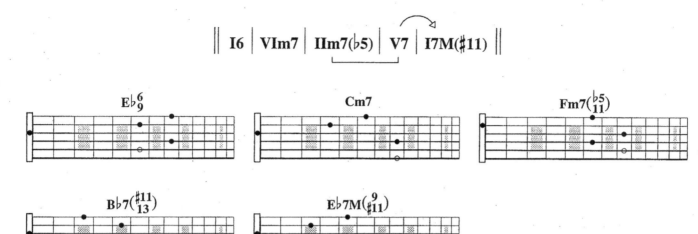

Progressão 12

$$\| \text{IIIm7} \mid (\text{V7/IIm}) \mid \flat\text{VI7M} \mid \text{V7} \ \flat\text{II6} \mid \text{I7} \|$$

Note que no último compasso aparecem dois acordes [B♭7(13) e E6].

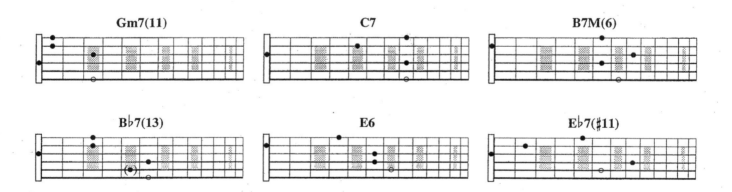

– Final com acorde dominante [E♭7(♯11)].

- **mi maior**

Progressão 1

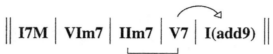

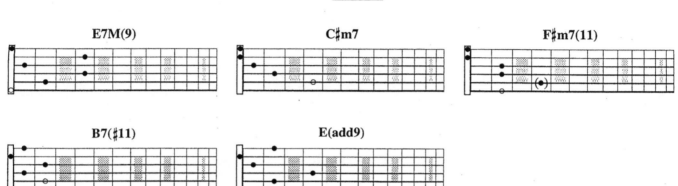

Progressão 2

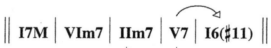

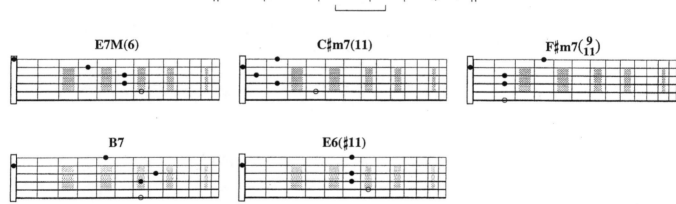

– Melodia ascendente.

Progressão 3

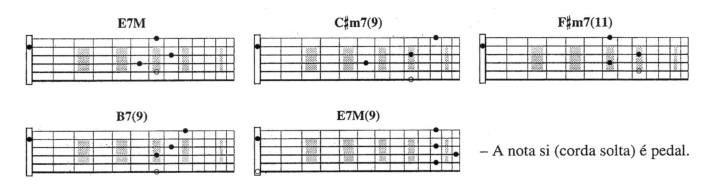

– A nota si (corda solta) é pedal.

Progressão 4

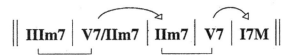

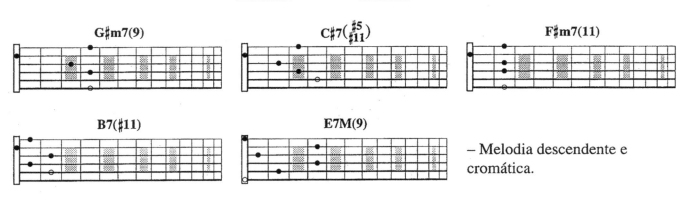

– Melodia descendente e cromática.

Progressão 5

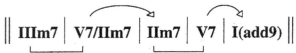

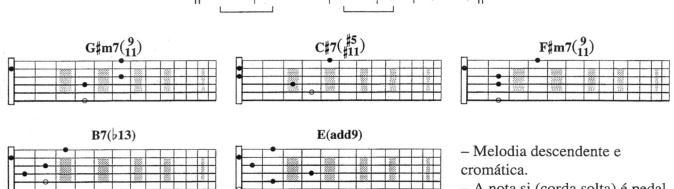

– Melodia descendente e cromática.
– A nota si (corda solta) é pedal.

Progressão 6

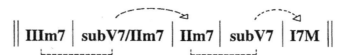

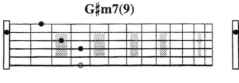
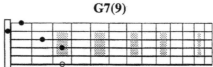
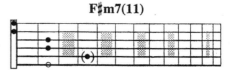

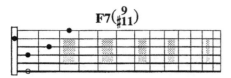
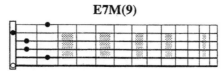

– Baixo descendente e cromático.
– A nota si (corda solta) é pedal.

Progressão 7

|| IIIm7 | (V7/IIm7) | bVI7M | bII7M | I7M ||

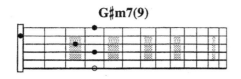
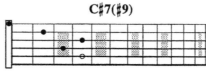
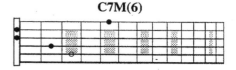

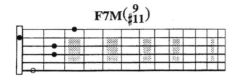
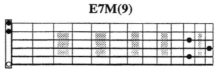

Progressão 8

|| I7M | (V7/IIm7) | bVI7M | V7 | I7M ||

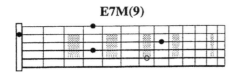
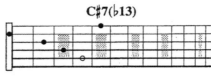
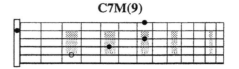

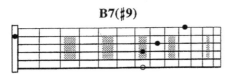
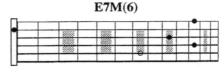

– Melodia ascendente.
– A nota si (corda solta) é pedal.

Progressão 9

$$\| \text{ I7M } | \text{ VIm7 } | \text{ IIm7 } | \text{ V}_4^7 \text{ V7 } | \text{ I6 } \|$$

Note que no quarto compasso aparecem dois acordes [$B_4^7(9)$ e B7].

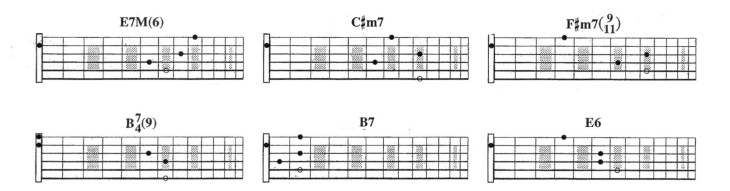

– A nota si (corda solta) é pedal.

Progressão 10

$$\| \text{ IIIm7 } | \text{ V7/IIm7 } | \text{ IIm7 } | \flat\text{II7M } | \text{ I}(^{add9}_{\sharp 11}) \|$$

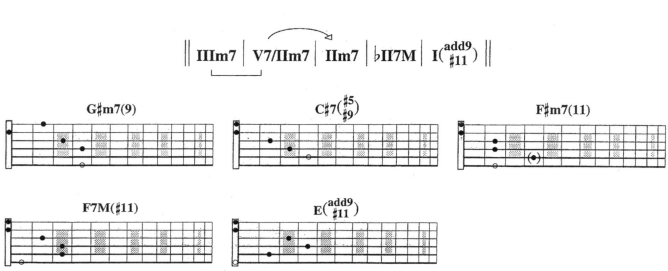

– A nota si (corda solta) é pedal.

Progressão 11

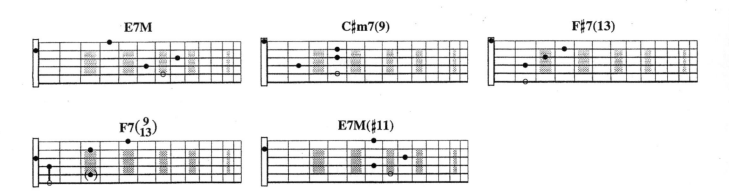

Progressão 12

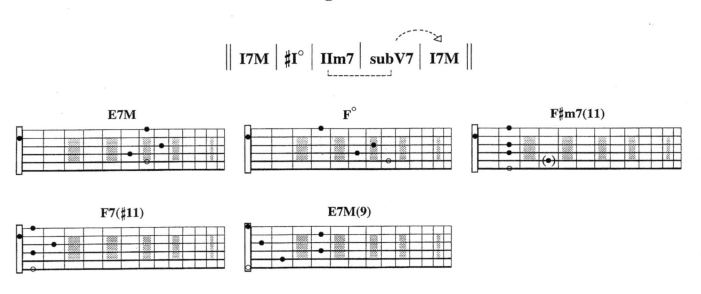

– A nota si (corda solta) é pedal.

- **fá maior**

Progressão 1

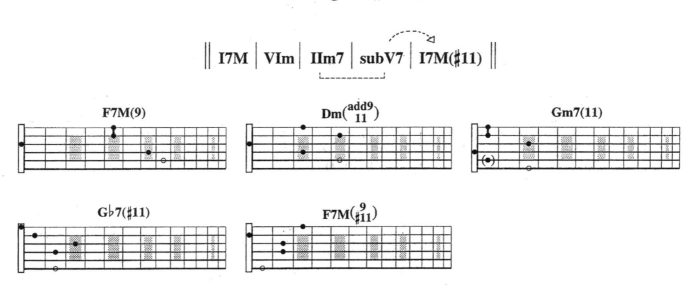

Progressão 2

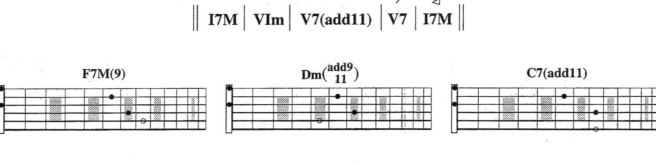

– As notas sol e mi (cordas soltas) são pedais.

Progressão 3

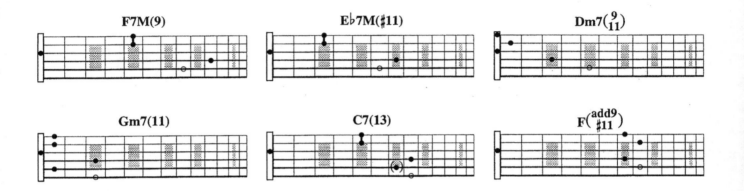

Note que no quarto compasso aparecem dois acordes [**Gm7(11)** e **C7(13)**].

– A nota sol (corda solta) é pedal.

Progressão 4

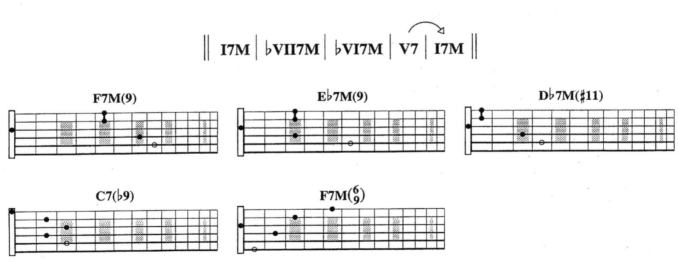

– Baixo descendente.

Progressão 5

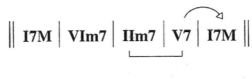

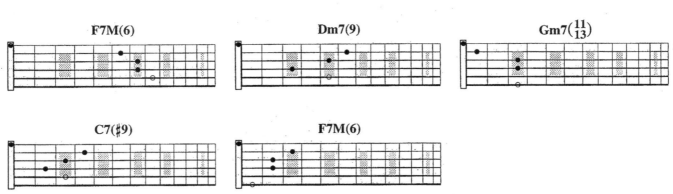

– A nota mi (corda solta) é pedal.

Progressão 6

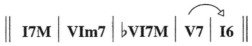

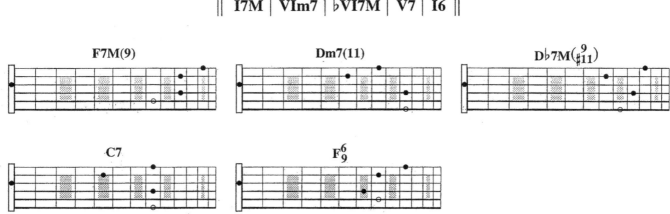

– A nota sol (corda solta) é pedal.

Progressão 7

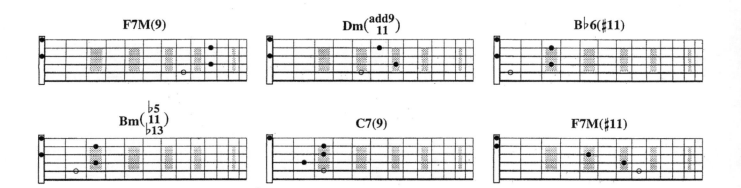

– A nota mi (corda solta) é pedal.

Progressão 8

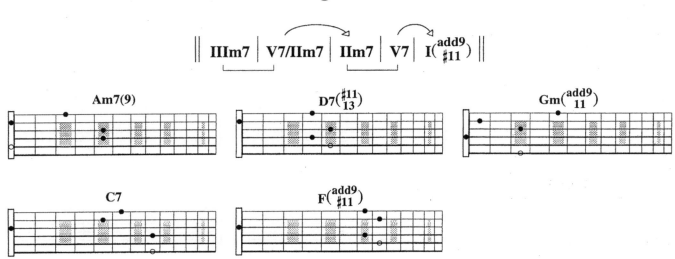

– Melodia ascendente e cromática.

Progressão 9

$$\| \text{ I6 } | \text{ VIm/5}^{\underline{a}} \ | \text{ IV6 } | \ \sharp\text{IV}^\circ \ | \ (\text{V7}) \ | \text{ VIm7 } \|$$

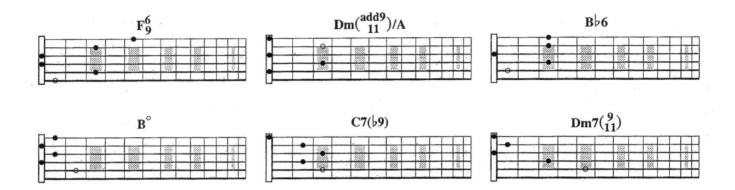

Progressão 10

$$\| \text{ I7M } | \text{ subV7/V } | \text{ IIm7 } | \text{ V4 } \text{ subV7 } | \text{ I7M}(\sharp 11) \ \|$$

Note que no segundo compasso aparecem dois acordes [A♭m7(9) e D♭7(13)] e no quarto compasso também [C4 e G♭7(♯11)].

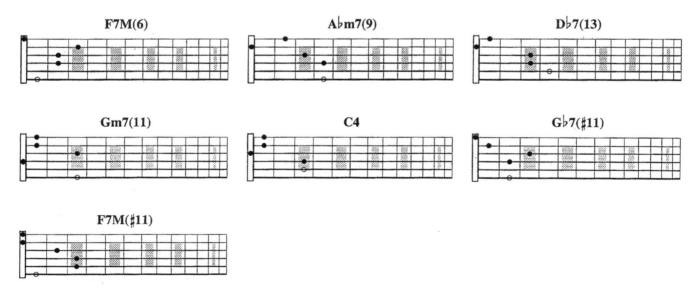

Progressão 11

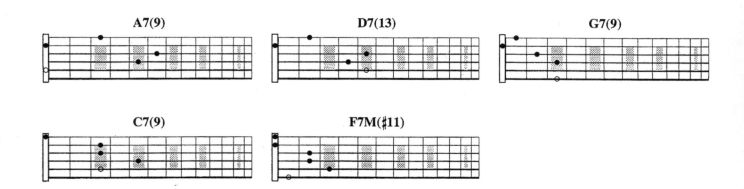

Progressão 12

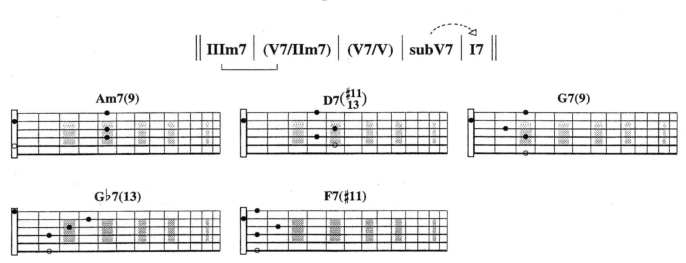

– Final com acorde dominante [F7(♯11)].

sol bemol maior (fá sustenido maior)

Obs.: É importante dizer que todos os acordes de sol bemol maior (fá sustenido maior) com cordas soltas apresentam a 5ª aumentada (pois a nota ré é a única corda solta disponível). Sendo assim, formarei o acorde de primeiro grau dominante ou maior com 5ª aumentada.

Progressão 1

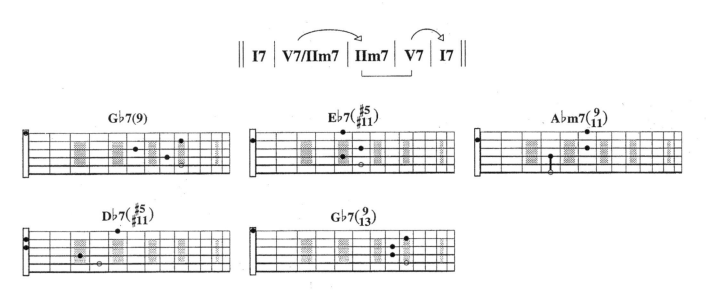

Progressão 2

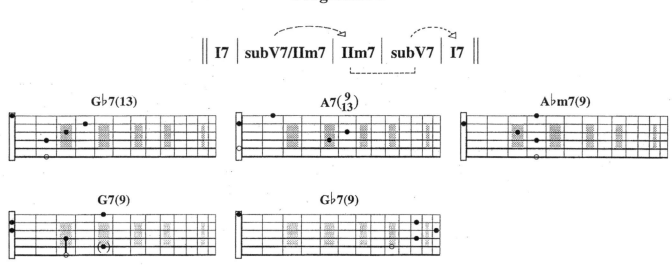

— Melodia ascendente.

Progressão 3

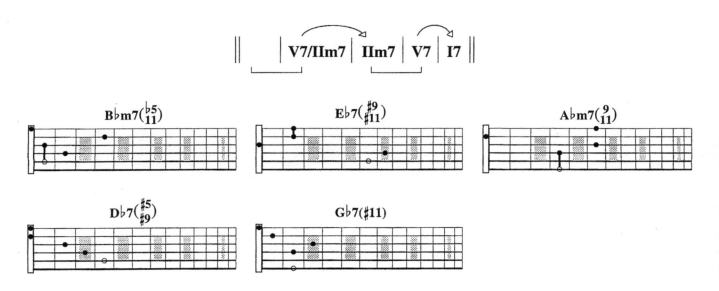

Progressão 4

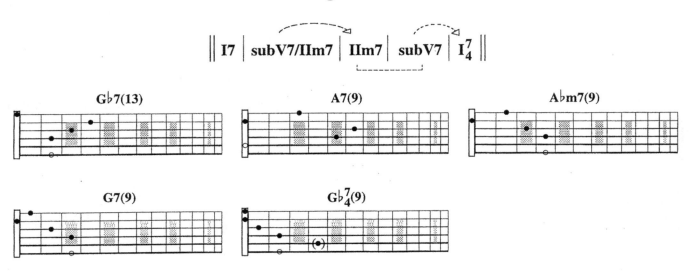

– Final com acorde suspenso [$Gb_4^7(9)$].

Progressão 5

$$\| \ I7(add11) \ | \ \flat III7M \ | \ (V7/V7) \ | \ subV7 \ | \ I^{7}_{4}(\flat 9) \ \|$$

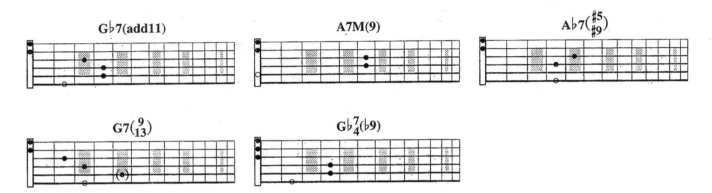

– Final com acorde suspenso [$G\flat^{7}_{4}(\flat 9)$].

– As notas mi e si (cordas soltas) são pedais.

Progressão 6

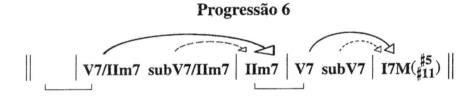

Note que no segundo compasso aparecem dois acordes [$E\flat 7(^{\#5}_{\#9})$ e $A7(9)$] e no quarto compasso também [$D\flat 7(^{\#9}_{\#11})$ e $G7(9)$].

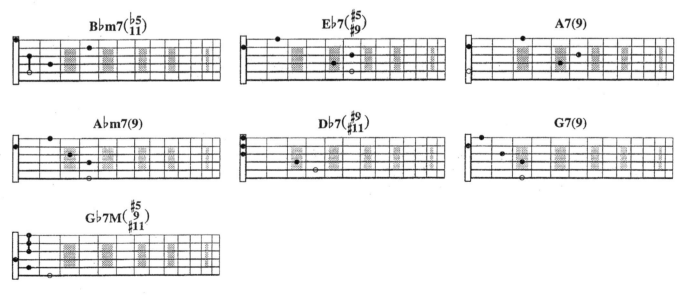

Progressão 7

$$\| \text{I}^{7}_{4} \| \quad | \text{V7/V7} | \text{V7} | \text{I7(add11)} \|$$

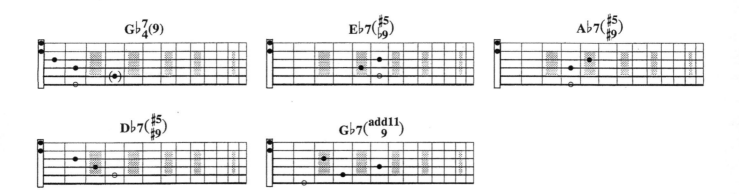

– As notas mi e si (cordas soltas) são pedais.

Progressão 8

$$\| \text{I7(add11)} | \flat\text{III7M} | \flat\text{VI7M} | \text{V7} | \text{I7(add11)} \|$$

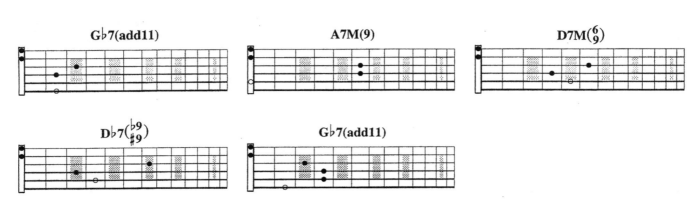

– As notas mi e si (cordas soltas) são pedais.

- **sol maior**

Progressão 1

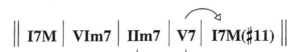

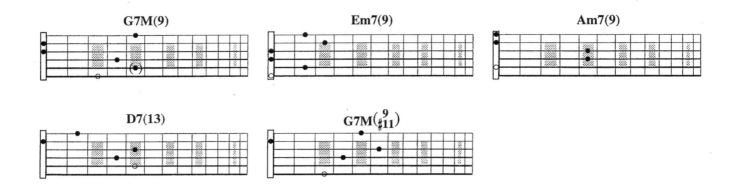

Progressão 2

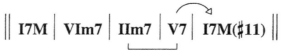

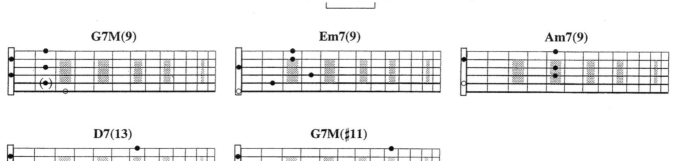

– Melodia ascendente.

Progressão 3

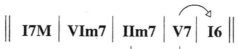

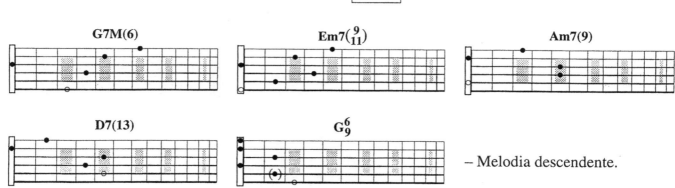

– Melodia descendente.

Progressão 4

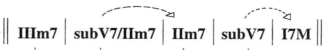

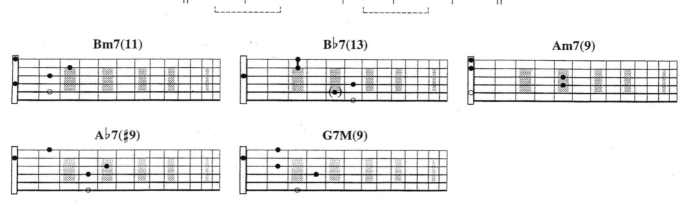

Progressão 5

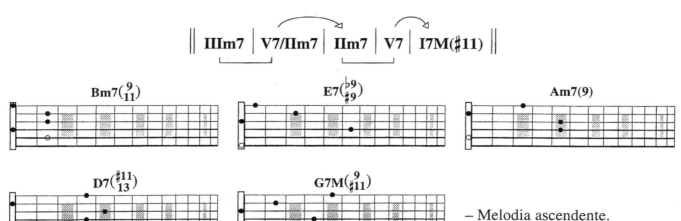

– Melodia ascendente.

Progressão 6

$$\| \text{ I7M } | \text{ bIII7M } | \text{ bVI7M } | \text{ bII7M } | \text{ I7M(♯11) } \|$$

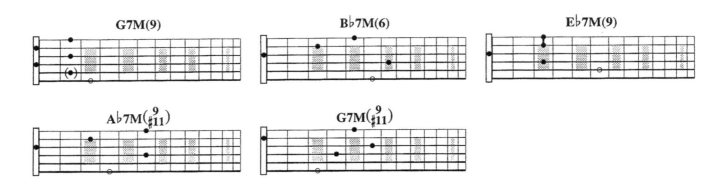

Progressão 7

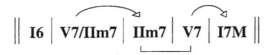

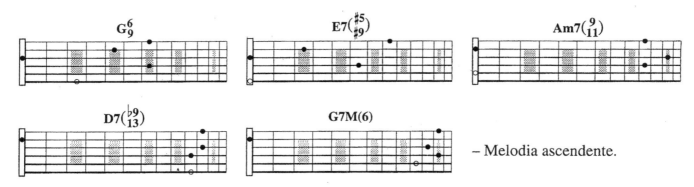

– Melodia ascendente.

Progressão 8

$$\| \text{ I7M/3ª } | \text{ bIII7M } | \text{ IIm7 } | \text{ subV7 } | \text{ I7M(♯11) } \|$$

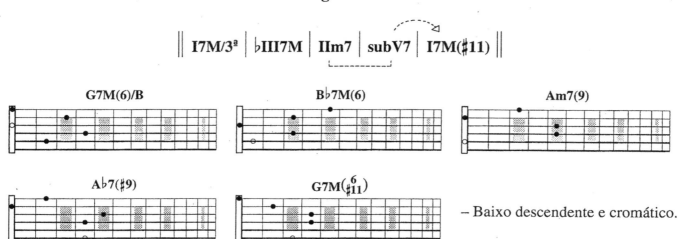

– Baixo descendente e cromático.

Progressão 9

$$\| \text{I7M} \mid \flat\text{VII7M} \mid \text{VIm7} \mid \flat\text{III7M} \; \flat\text{II7M} \mid \text{I7M}(\sharp 11) \|$$

Note que no quarto compasso aparecem dois acordes [B♭7M(6) e A♭7M(9)].

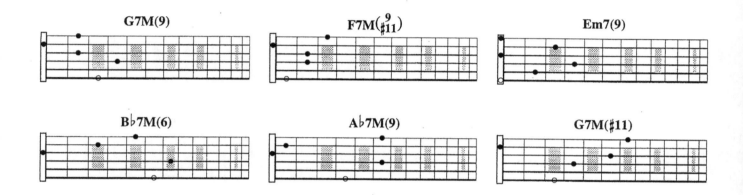

Progressão 10

$$\| \text{I7M} \mid \sharp\text{I}° \mid \text{IIm7} \mid \sharp\text{V}° \mid \text{VIm7} \|$$

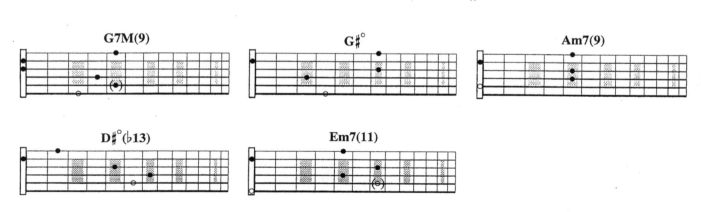

– A nota si (corda solta) é pedal.

Progressão 11

$$\| \text{ I7M } | \text{ IIIm7 } | \text{ IIm7 } | \flat\text{VII7M } \text{ VII}° | \text{ I7M}(\sharp 11) \|$$

Note que no quarto compasso aparecem dois acordes [$\text{F7M}(^{9}_{\sharp 11})$ e $\text{F}\sharp°(^{9}_{11})$].

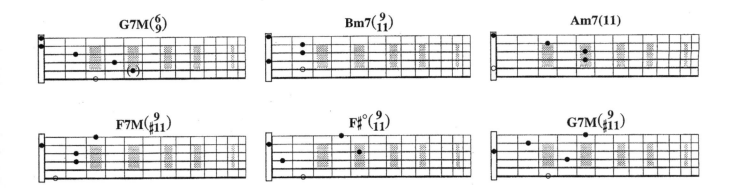

Progressão 12

$$\| \text{ IIIm7 } | \text{ subV7/IIm7 } | \text{ IIm7 } | \text{ subV7 } | \text{ I7M}(\sharp 11) \|$$

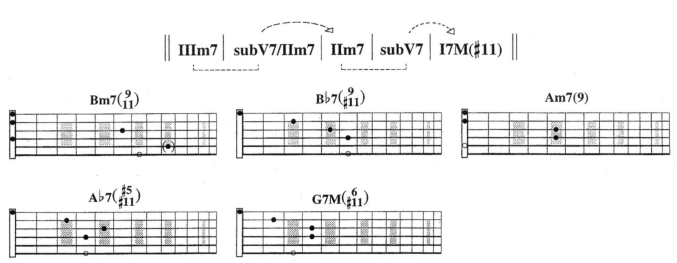

— Baixo descendente.
— A nota mi (corda solta) é pedal.

- **lá bemol maior (sol sustenido maior)**

Progressão 1

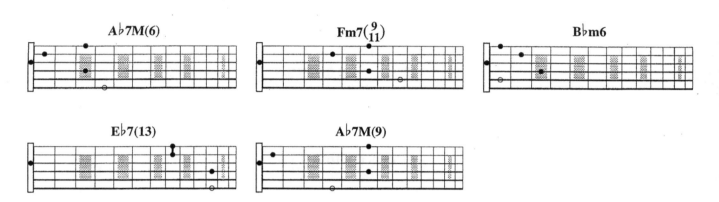

— A nota sol (corda solta) é pedal.

Progressão 2

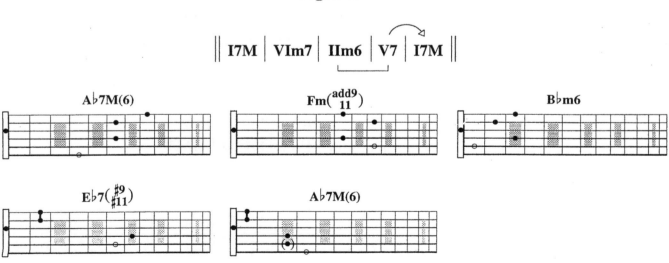

— Melodia descendente.
— A nota sol (corda solta) é pedal.

Progressão 3

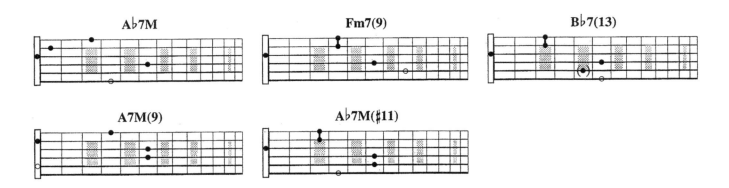

Progressão 4

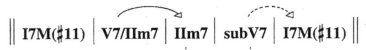

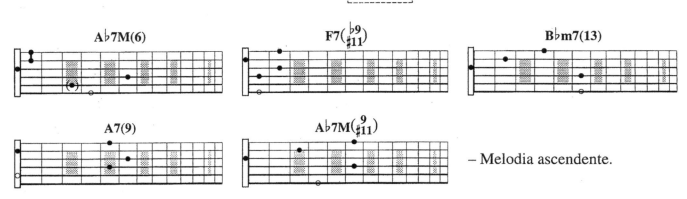

– Melodia ascendente.

Progressão 5

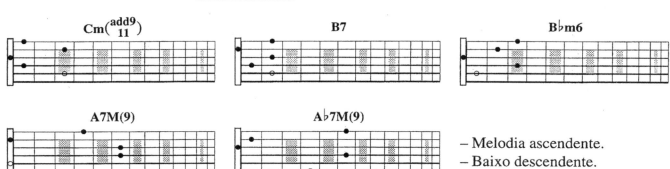

– Melodia ascendente.
– Baixo descendente.

Progressão 6

|| I7M | bIII7M | bVI7M | bII7M | I7M(#11) ||

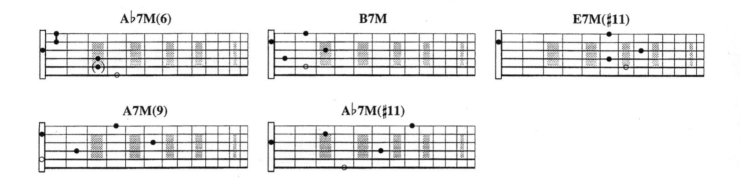

Progressão 7

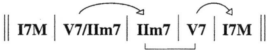

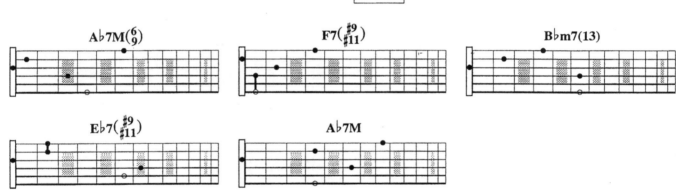

Progressão 8

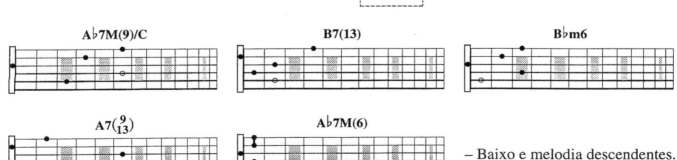

– Baixo e melodia descendentes.

Progressão 9

$$\| \text{IIIm(add9)} \mid \flat\text{III7M} \mid \flat\text{VI7M} \mid \flat\text{II7M} \mid \text{I7M}(\sharp 11) \|$$

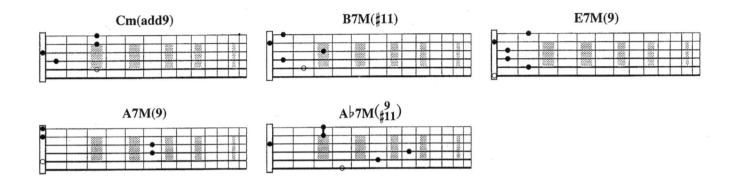

Progressão 10

$$\| \text{I7M} \mid (\text{V7/IIm}) \mid \text{IIm7}(\flat 5) \mid \text{V7} \mid \text{I7M} \|$$

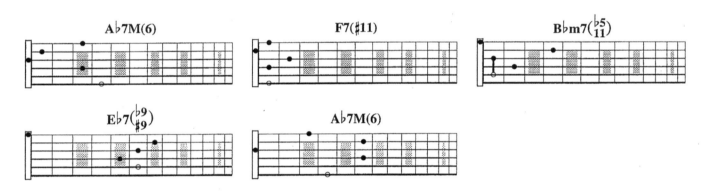

Progressão 11

$$\| \text{I7M} \mid \text{V7/V7} \mid \text{V7} \mid \text{I7M}(\sharp 11) \|$$

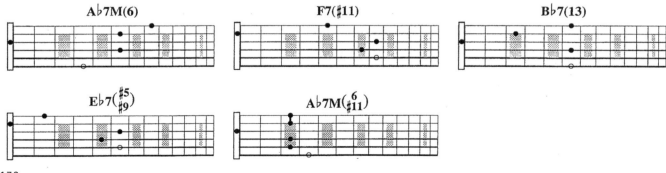

Progressão 12

$$\| \text{I7M/3}^{\underline{a}} \mid \text{IV7M} \mid \sharp \text{IV}^\circ \mid \text{V7} \mid \text{VIm7} \|$$

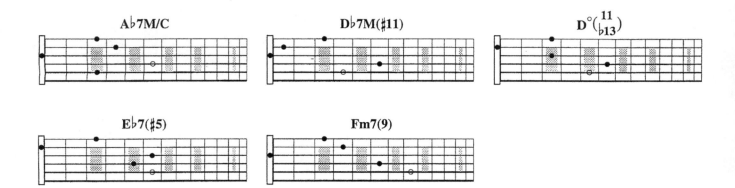

- Baixo ascendente.
- A melodia é pedal.

- **lá maior**

Progressão 1

$$\| \text{I7M} \mid \text{VIm7} \mid \text{IIm7} \mid \text{V7} \mid \text{I7M}(\sharp 11) \|$$

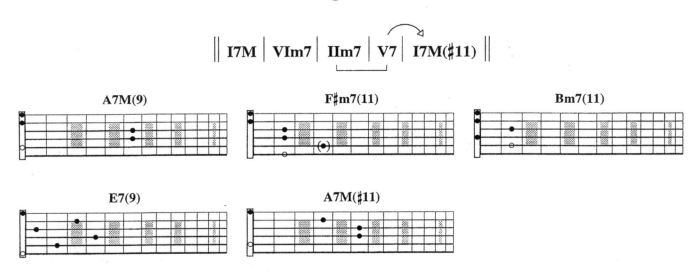

- A nota mi (corda solta) é pedal.

Progressão 2

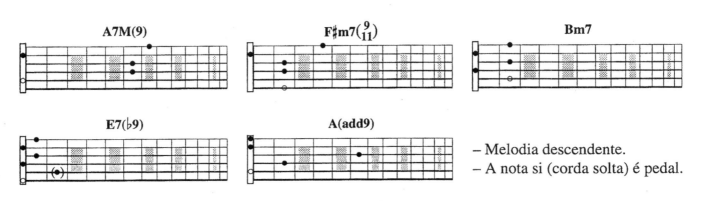

– Melodia descendente.
– A nota si (corda solta) é pedal.

Progressão 3

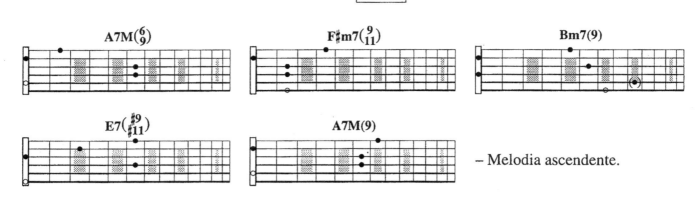

– Melodia ascendente.

Progressão 4

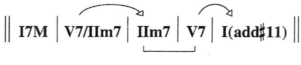

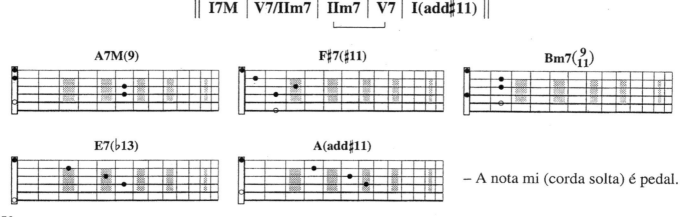

– A nota mi (corda solta) é pedal.

Progressão 5

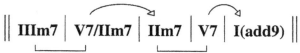

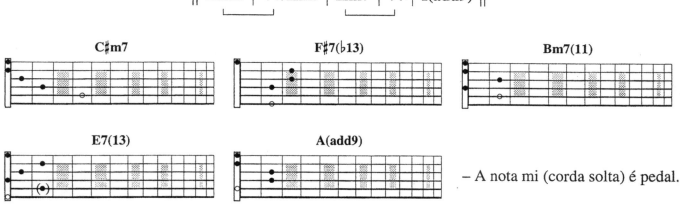

– A nota mi (corda solta) é pedal.

Progressão 6

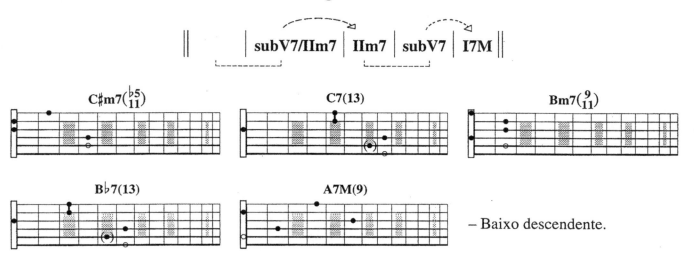

– Baixo descendente.

Progressão 7

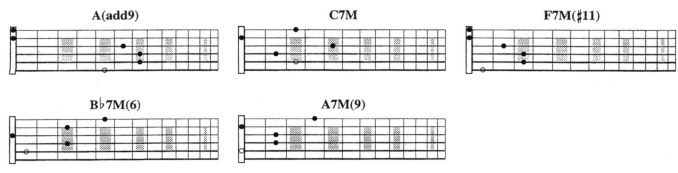

Progressão 8

$$\| \ \text{I7M} \ \ \text{IIIm7} \ | \ \flat\text{III7M} \ | \ \flat\text{VII7M/3}^{\text{a}} \ | \ \flat\text{II7M} \ \ \text{V7} \ | \ \text{I7M} \ \|$$

Note que no primeiro compasso aparecem dois acordes [A7M(9) e C♯m7] e no quarto compasso também [B♭7M(6) e E7($^{\flat 9}_{\sharp 9}$)].

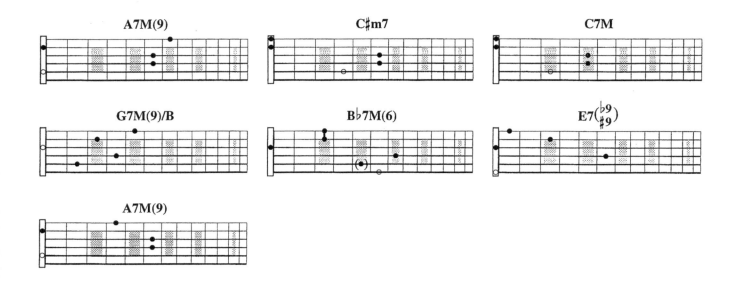

Progressão 9

$$\| \ \_\_\_\_ \ | \ (\text{V7/IIm7}) \ | \ \text{V}^{7}_{4} \ | \ \text{V7} \ | \ \text{I7M} \ \|$$

Pela equivalência dos acordes na escala menor melódica, temos:

$$[\text{F}\sharp^{7}_{\sharp 4}(\flat 9) = \text{C}\sharp\text{m7}(\flat 5)]$$

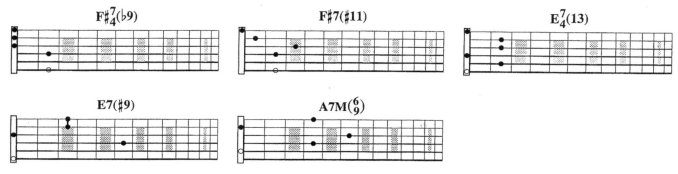

Progressão 10

$$\| \text{I7M} \mid \flat\text{III7M} \mid \flat\text{VI7M} \mid \flat\text{II7M} \mid \text{I}_9^6 \|$$

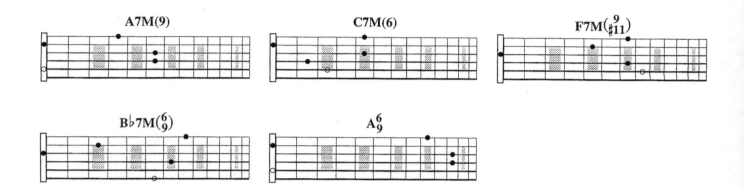

– Melodia ascendente.

Progressão 11

$$\| \underline{} \mid (\text{subV7/IIm7}) \mid \flat\text{VI7M} \mid \text{VII}° \mid \text{I7M} \|$$

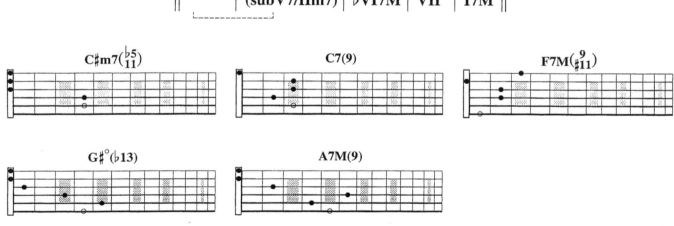

Progressão 12

$$\| \text{ I7M } | \text{ (V7/IIIm7) } | \flat\text{VII7M } | \text{ (V7/IIm7) } | \flat\text{VI7M } | \text{ V7 } | \text{ I7M } \|$$

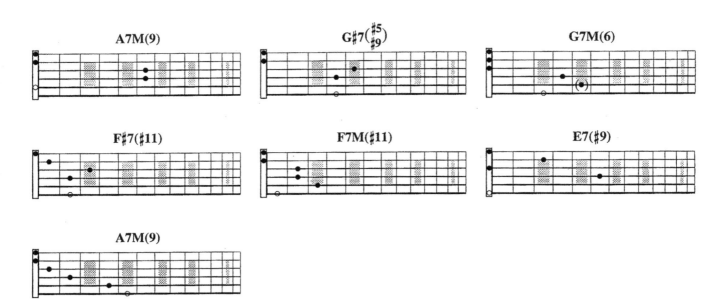

– A nota mi (corda solta) é pedal.

- **si bemol maior (lá sustenido maior)**

Progressão 1

$$\| \text{ I7M } | \text{ VIm7 } | \text{ IIm(add9) } | \text{ V7 } | \text{ I7M } \|$$

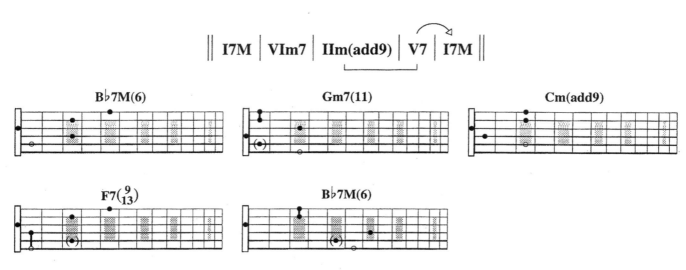

Progressão 2

‖ I7M | VIm(add9) | IIm(add9) | V7 | I6 ‖

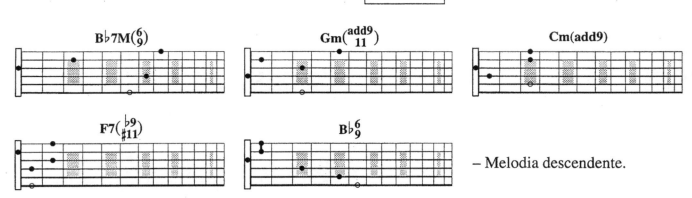

– Melodia descendente.

Progressão 3

‖ I7M | V7/IIm | IIm(add9) | V7 | I7M ‖

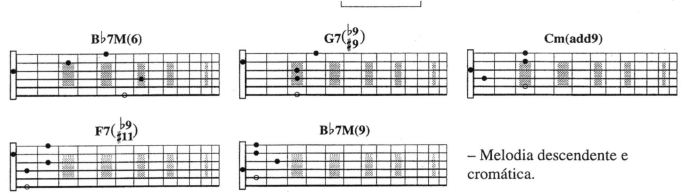

– Melodia descendente e cromática.

Progressão 4

‖ I7M | V7/IIm | IIm(add9) | V7 | I7M(♯11) ‖

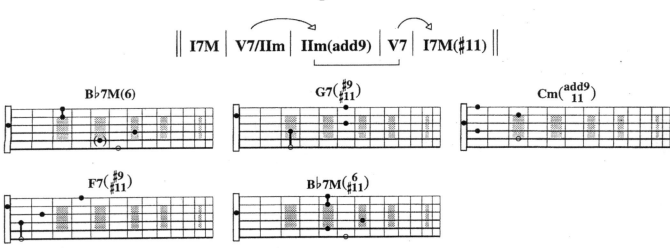

Progressão 5

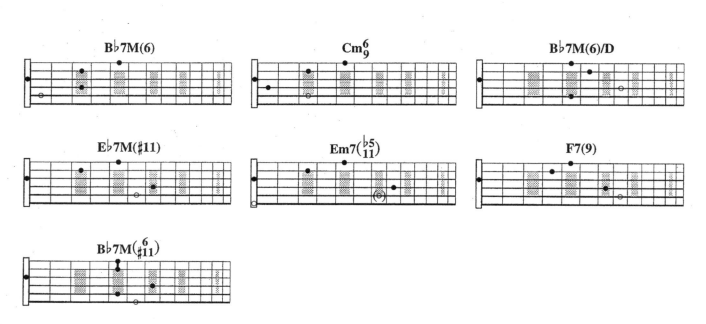

– A melodia e a nota sol (corda solta) são pedais.

Progressão 6

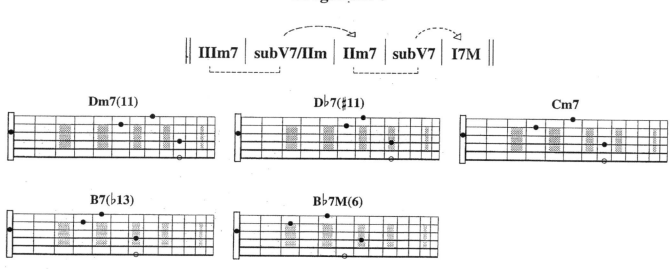

– Baixo descendente.
– A nota sol (corda solta) é pedal.

Progressão 7

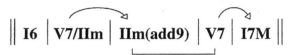

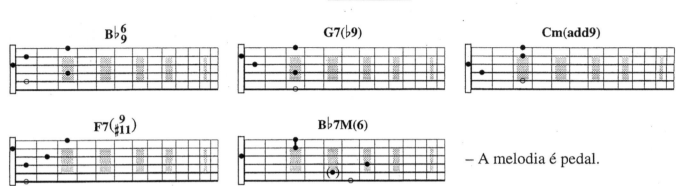

— A melodia é pedal.

Progressão 8

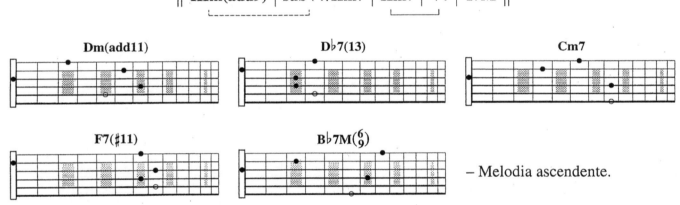

— Melodia ascendente.

Progressão 9

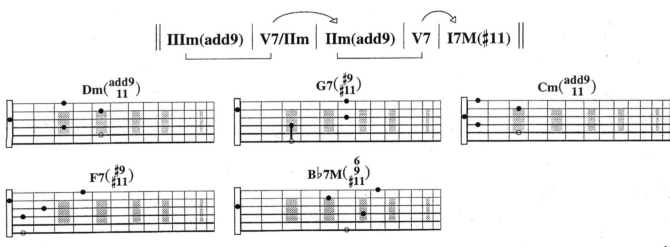

Progressão 10

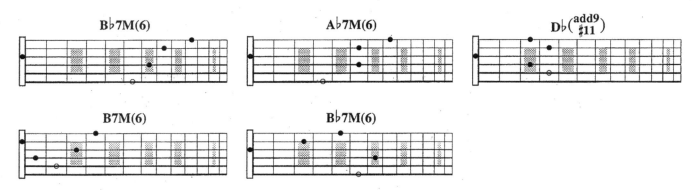

Progressão 11

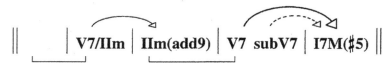

Note que no quarto compasso aparecem dois acordes [**F7(♯11)** e **B7(13)**].

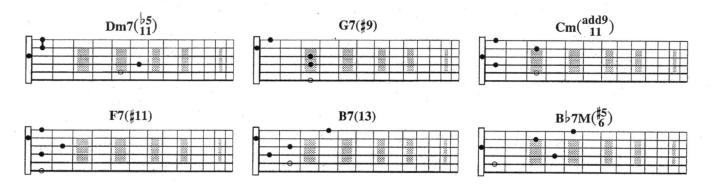

Progressão 12

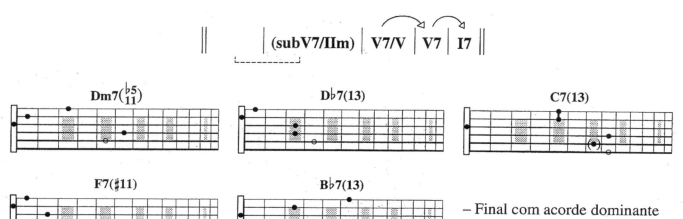

– Final com acorde dominante [**B♭7(13)**].

- si maior

Progressão 1

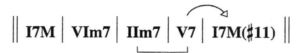

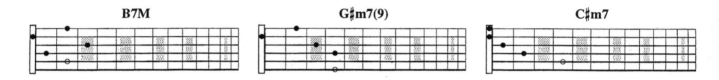

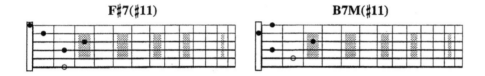

Progressão 2

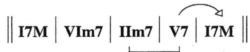

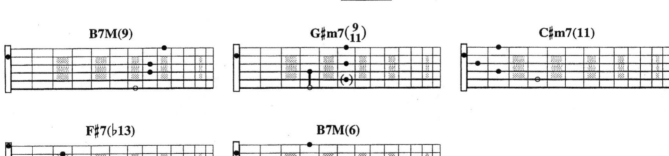

Progressão 3

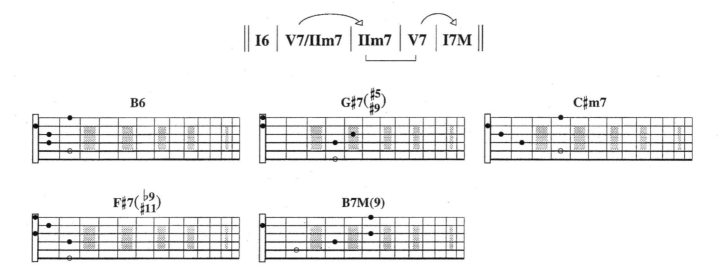

Progressão 4

Pela equivalência dos acordes na escala menor melódica, temos:

$$[F\sharp m7(\flat 5) = G\sharp 7(alt)]$$

Podemos, então, analisar a progressão abaixo assim:

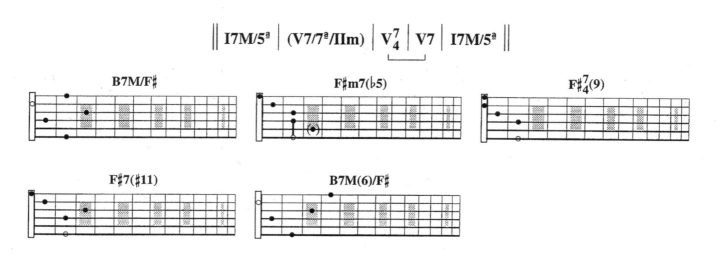

– O baixo é pedal.

Progressão 5

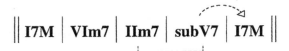

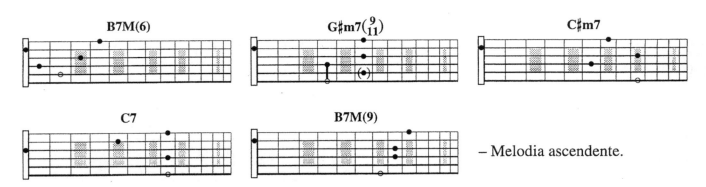

– Melodia ascendente.

Progressão 6

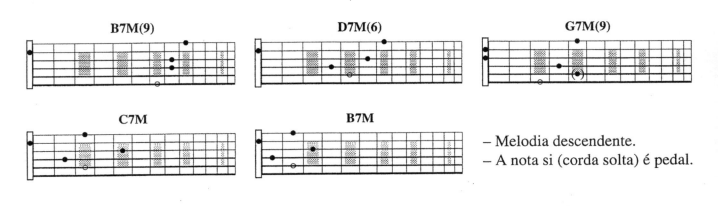

– Melodia descendente.
– A nota si (corda solta) é pedal.

Progressão 7

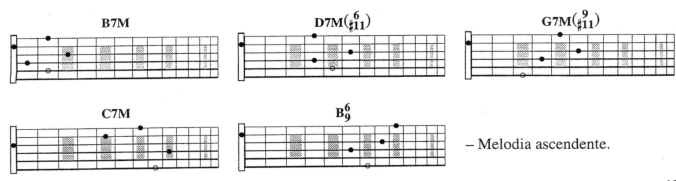

– Melodia ascendente.

Progressão 8

$$\| \text{ I7M } | \text{ VIm7 } \text{ V7/IIm7 } | \text{ IIm7 } | \text{ V}^7_4 \text{ V7 } | \text{ I7M(\#11) } \|$$

Note que no segundo compasso aparecem dois acordes [G♯m7($^9_{11}$) e G♯7($^{♭9}_{♯9}$)] e no quarto compasso também [F♯$^7_4$(9) e F♯7($^{♭9}_{♯11}$)].

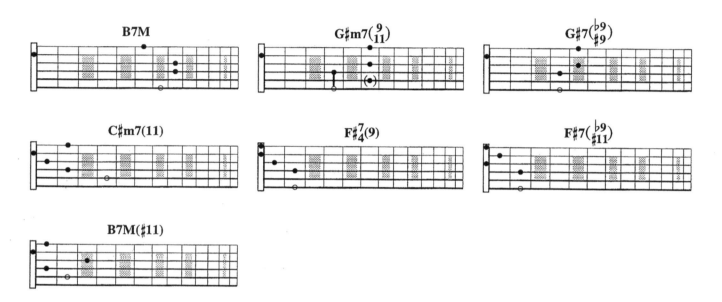

Progressão 9

$$\| \quad | \text{ (subV7/IIm7) } | ♭\text{VI7M } | ♭\text{II(add9) } | \text{ I7M(\#11) } \|$$

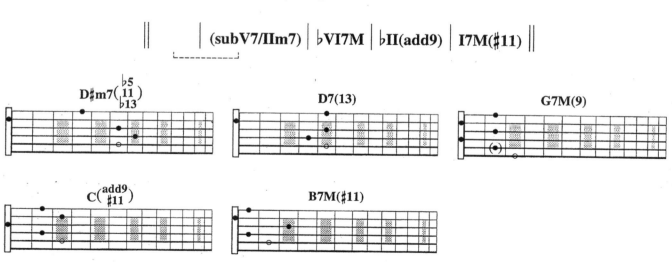

Progressão 10

$$\| \ \text{I7M} \ | \ \flat\text{III7M} \ | \ (\text{V7/V7}) \ | \ \flat\text{II7M} \ | \ \text{I6} \ \|$$

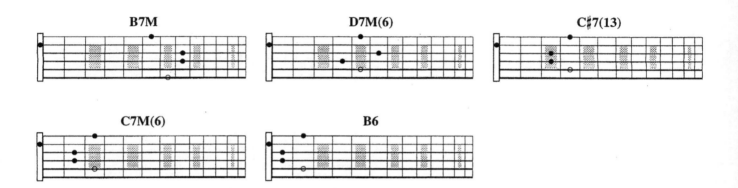

- Melodia descendente e cromática.
- A nota si (corda solta) é pedal.

Progressão 11

$$\| \ \text{I7M} \ | \ (\text{V7/IIm7}) \ | \ \flat\text{VI7M} \ | \ \text{V7} \ | \ \text{I(add9)} \ \|$$

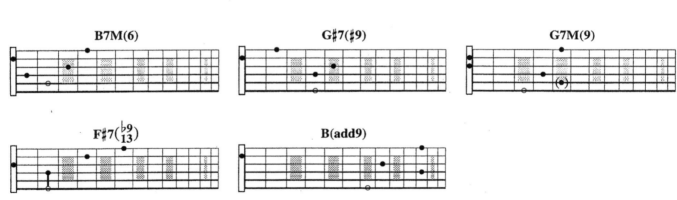

Progressão 12

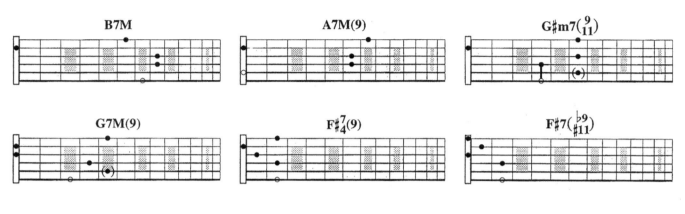

PROGRESSÕES NAS TONALIDADES MENORES

- **dó menor**

Progressão 1

‖ Im(add9) | ♭III7M | IIm7(♭5) | V7 | Im6 ‖

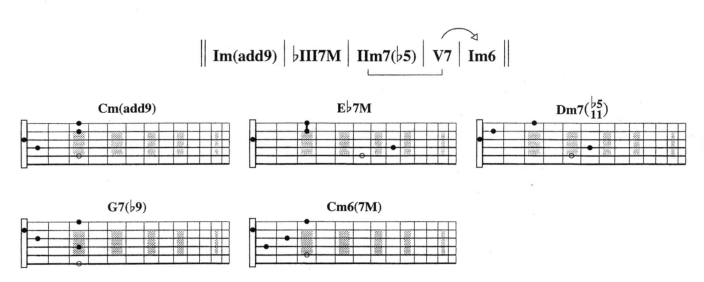

– A melodia é pedal.

Progressão 2

‖ Im7 | ♭III7M | IIm7(♭5) | V7 | Im6 ‖

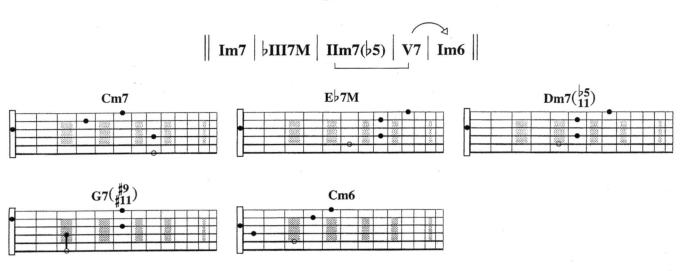

Progressão 3

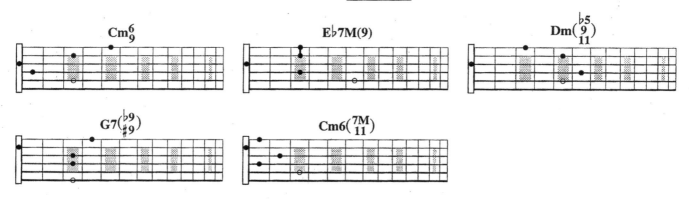

Progressão 4

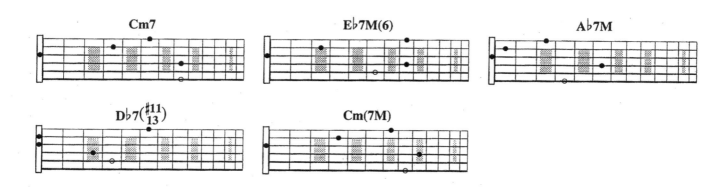

Progressão 5

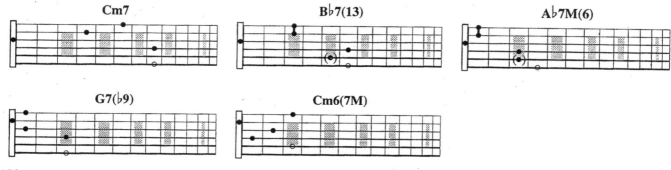

Progressão 6

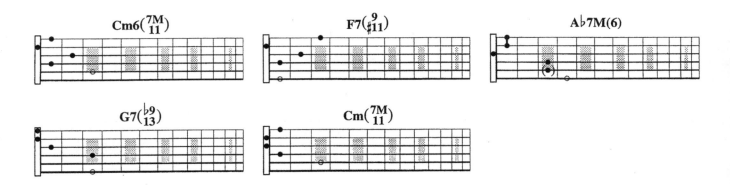

Progressão 7

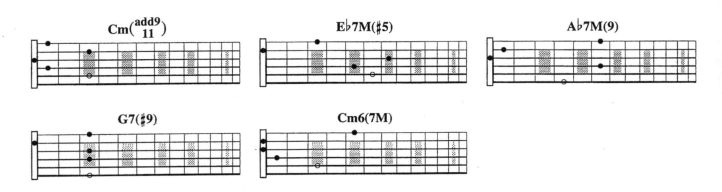

Progressão 8

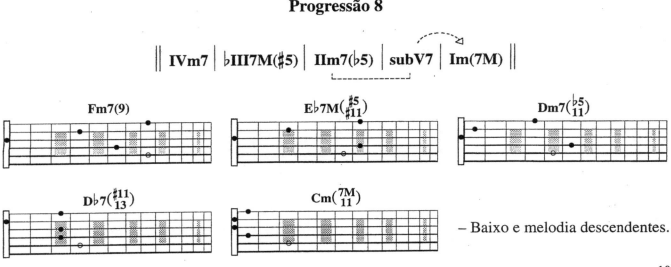

– Baixo e melodia descendentes.

- **dó sustenido menor (ré bemol menor)**

Progressão 1

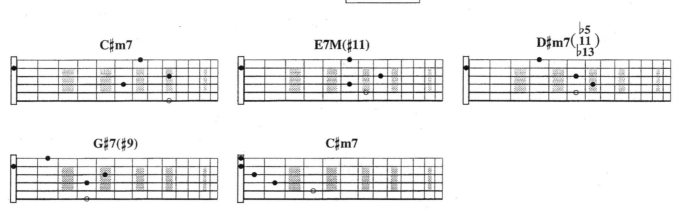

- Melodia descendente.
- A nota si (corda solta) é pedal.

Progressão 2

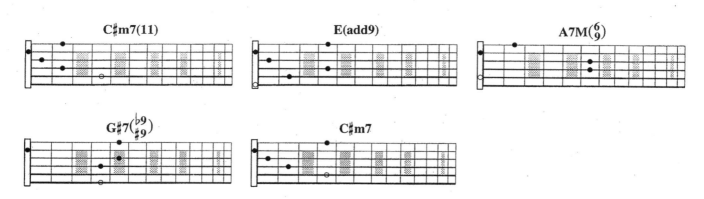

- A nota si (corda solta) é pedal.

Progressão 3

$$\| \text{Im7} \mid \flat\text{III7M} \mid \text{IVm7} \mid \text{V7} \mid \text{Im6} \|$$

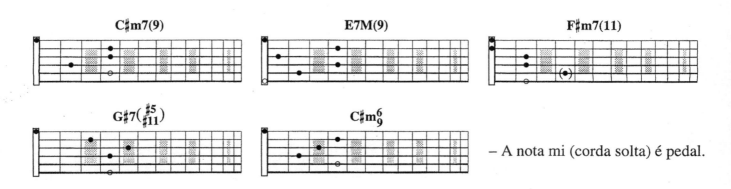

– A nota mi (corda solta) é pedal.

Progressão 4

$$\| \text{Im7} \mid \flat\text{III7M} \mid \flat\text{VI7M} \mid \text{subV7} \mid \text{Im7} \|$$

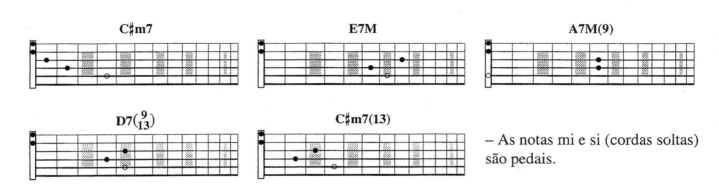

– As notas mi e si (cordas soltas) são pedais.

Progressão 5

$$\| \text{Im(7M)} \mid \text{IV7} \mid \flat\text{VI7M} \mid \text{V7} \mid \text{Im7} \|$$

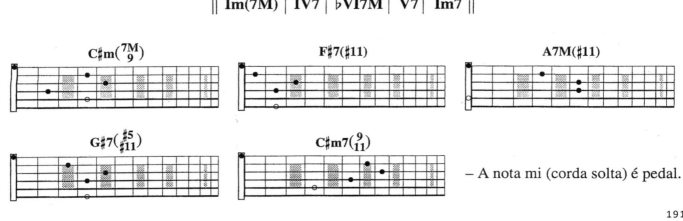

– A nota mi (corda solta) é pedal.

Progressão 6

$$\parallel \text{Im7} \mid \text{VIm7}(\flat 5) \mid \flat \text{VI6} \mid \text{VII}° \;\; \text{VII}°/3^a \mid \text{Im7} \parallel$$

Note que no quarto compasso aparecem dois acordes [C°(7M) e D#°(♭13)]. Repare que o acorde D#°(♭13) pode ser visto como uma inversão de C°(7M).

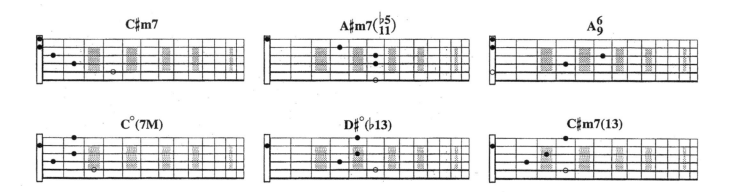

Progressão 7

$$\parallel \text{Im7} \mid \flat \text{VII7} \mid \flat \text{VI7M} \mid \text{subV7} \mid \text{Im7} \parallel$$

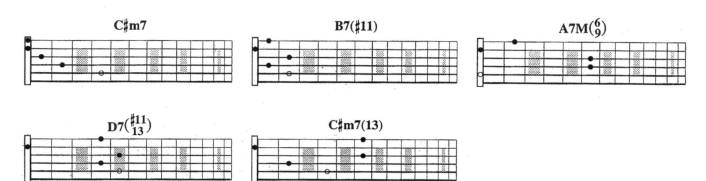

— Melodia ascendente.
— A nota si (corda solta) é pedal.

Progressão 8

$$\| \text{Im7} \mid \flat\text{III7M}(\sharp 5) \mid \flat\text{VI6} \mid \sharp\text{IV}° \ \text{V7} \mid \text{Im7} \|$$

Note que no quarto compasso aparecem dois acordes [G°($\flat$13) e G$\sharp$7($^{\flat 9}_{\sharp 9}$)].

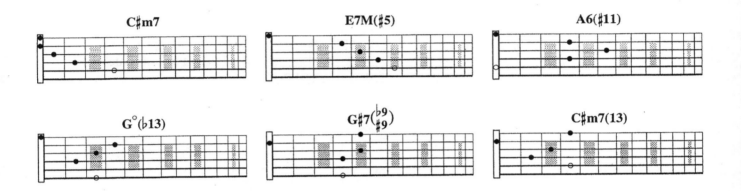

- ré menor

Progressão 1

$$\| \text{Im7} \mid \flat\text{III7M} \mid \text{IIm7}(\flat 5) \mid \text{V7} \mid \text{Im6} \|$$

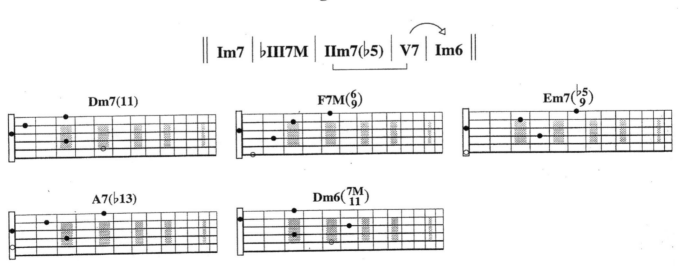

Progressão 2

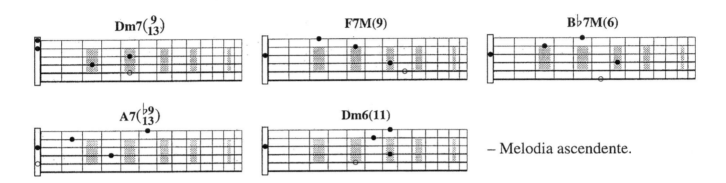

– Melodia ascendente.

Progressão 3

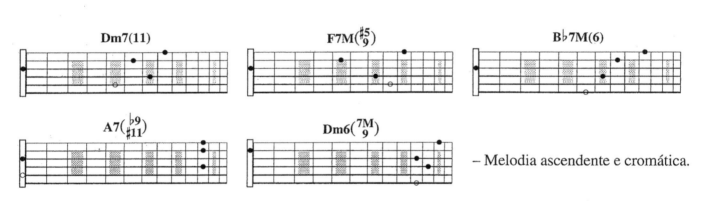

– Melodia ascendente e cromática.

Progressão 4

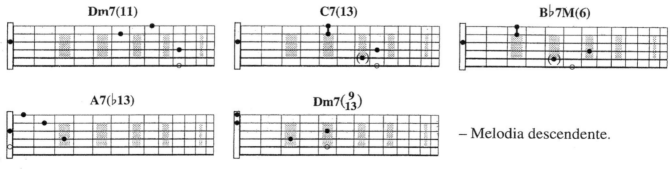

– Melodia descendente.

Progressão 5

$$\| \text{Im(add9)} \mid \text{IV7} \mid \text{IIm7(}\flat\text{5)} \mid \text{V7} \mid \text{Im6} \|$$

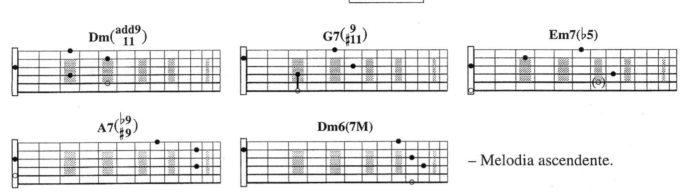

— Melodia ascendente.

Progressão 6

$$\| \text{Im(add9)} \mid \text{Im7/7}^{\text{a}} \mid \flat\text{VI7M} \mid \text{V7} \mid \text{Im6} \|$$

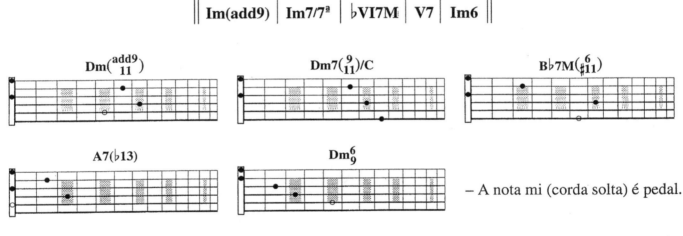

— A nota mi (corda solta) é pedal.

Progressão 7

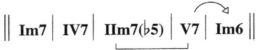

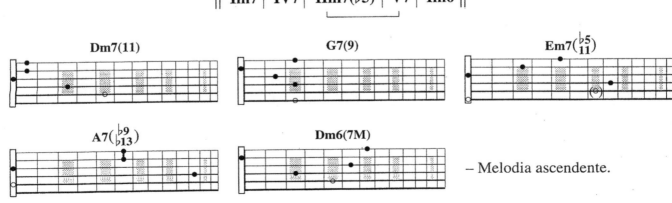

— Melodia ascendente.

Progressão 8

|| ♭III7M(♯11) | IVm7 | ♭VI7M | VII° | Im6 ||

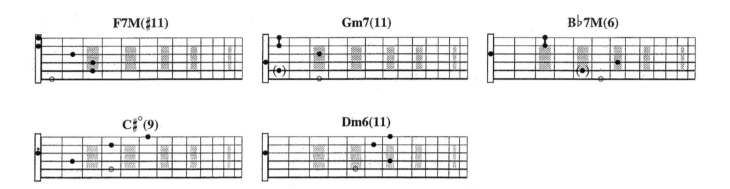

– Melodia e baixo ascendentes.

Obs.: Não é possível formar o acorde de mi bemol menor (ré sustenido menor) com cordas soltas. Portanto, seguiremos adiante com progressões em mi menor.

- **mi menor**

Progressão 1

|| Im7 | ♭III7M | IIm7(♭5) | V7 | Im7 ||

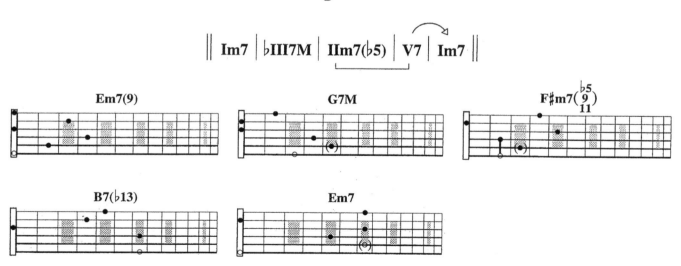

– Melodia ascendente.

Progressão 2

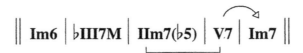

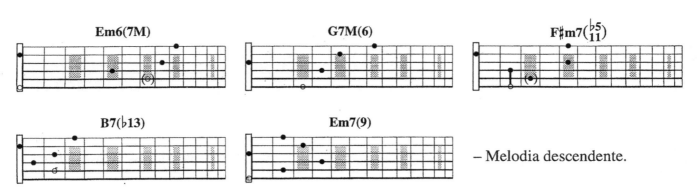

– Melodia descendente.

Progressão 3

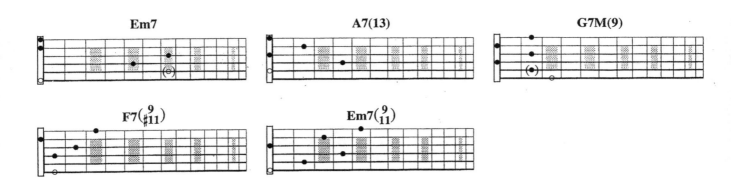

Progressão 4

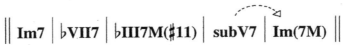

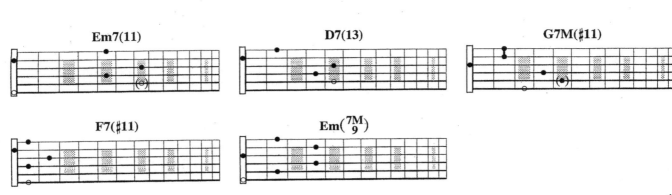

Progressão 5

‖ Im7 | bIII7M(#5) | IVm7 | VII7 | Im6 ‖

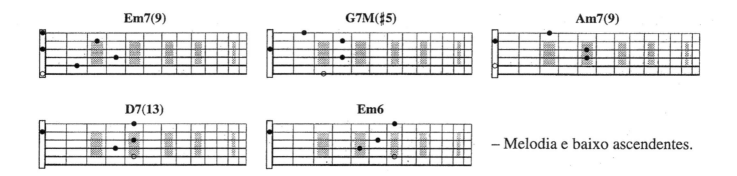

– Melodia e baixo ascendentes.

Progressão 6

‖ Im7 | bIII7M | bVI7M | bVII7 | Im6 ‖

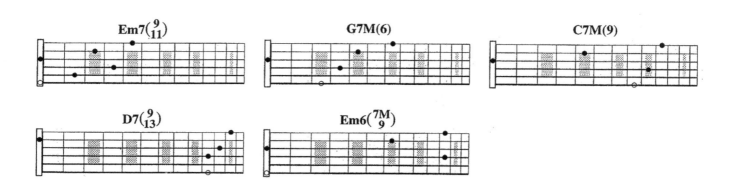

Progressão 7

‖ Im7 | IV7 | bVI7M | VII° | Im6 ‖

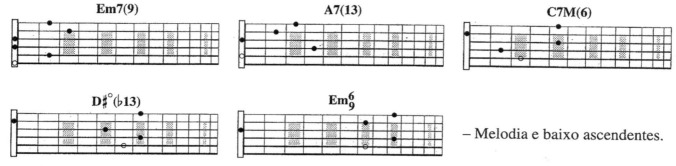

– Melodia e baixo ascendentes.

Progressão 8

$$\| \text{Im(add9)} \mid \flat\text{III6} \mid \text{IVm7} \mid \flat\text{VI7M} \mid \text{V7} \mid \text{V7/3}^{\underline{a}} \mid \text{Im(7M)} \|$$

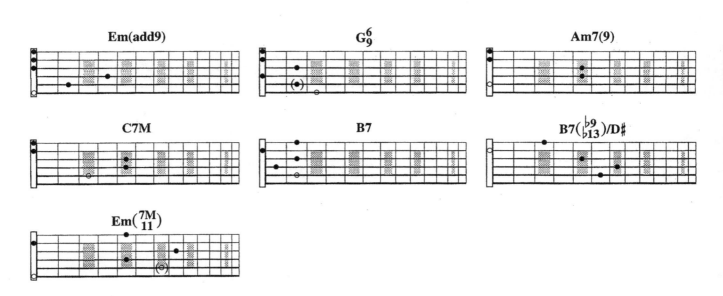

– A nota si (corda solta) é pedal.

- **fá menor**

Progressão 1

$$\| \text{Im7} \mid \flat\text{III7M} \mid \text{IIm7}(\flat 5) \mid \text{V7} \mid \text{Im6} \|$$

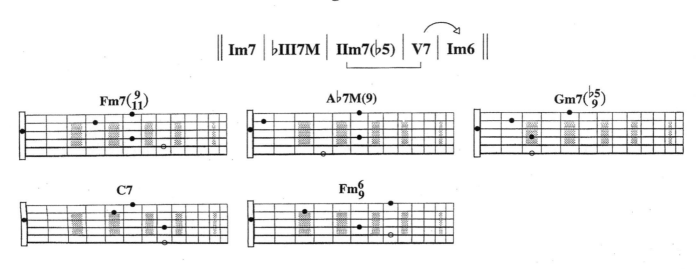

– A nota sol (corda solta) é pedal.

Progressão 2

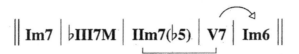
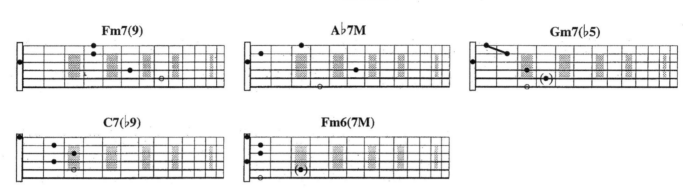

Progressão 3

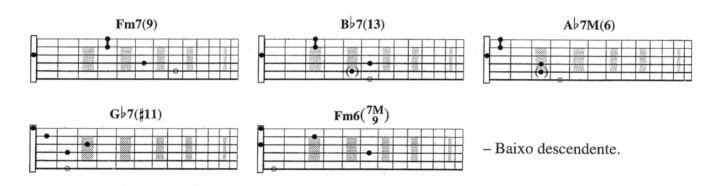

– Baixo descendente.

Progressão 4

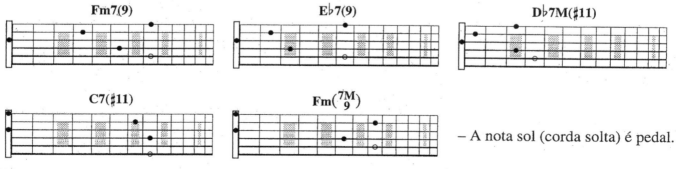

– A nota sol (corda solta) é pedal.

Progressão 5

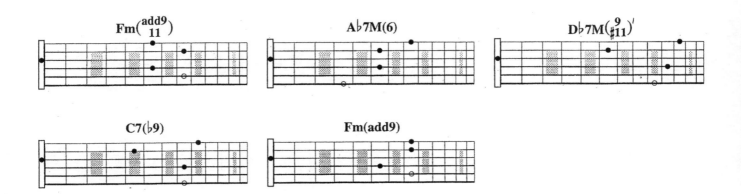

– A nota sol (corda solta) é pedal.

Progressão 6

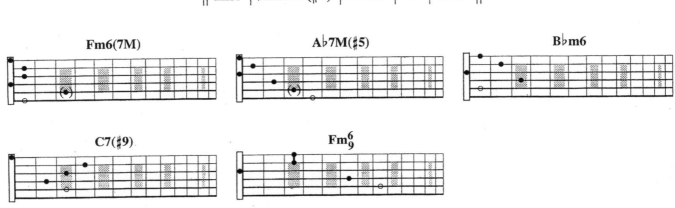

– Baixo ascendente.

Progressão 7

$$\| \text{Im6} \mid \text{VII}° \mid \text{VIm7}(\flat 5) \mid (\text{V7}) \mid \text{IV7} \mid \flat \text{III7M}(\sharp 5) \mid \text{subV7} \mid \text{Im6} \|$$

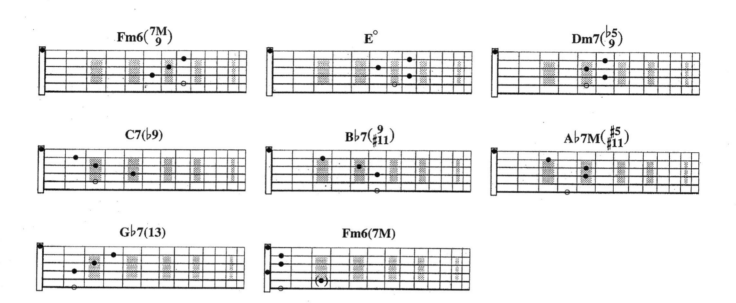

- Baixo descendente.
- A nota mi (corda solta) é pedal.

Progressão 8

$$\| \text{Im(add9)} \mid \text{IV7} \mid \flat \text{VI7M} \mid \flat \text{III7M} \mid \text{V7} \mid \text{Im(7M)} \|$$

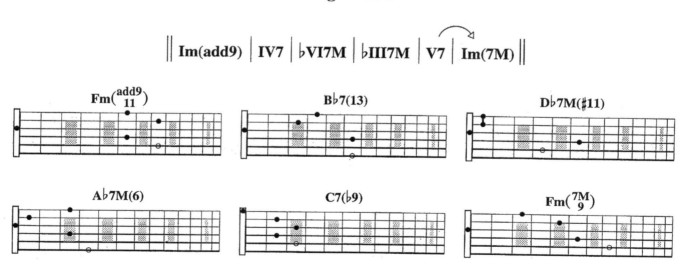

- **fá sustenido menor (sol bemol menor)**

Progressão 1

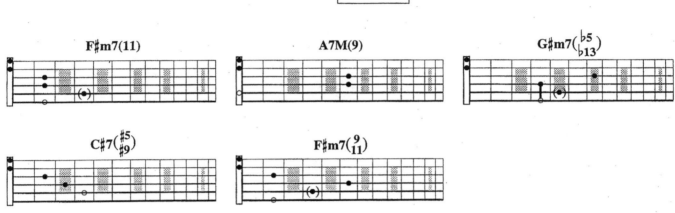

– As notas mi e si (cordas soltas) são pedais.

Progressão 2

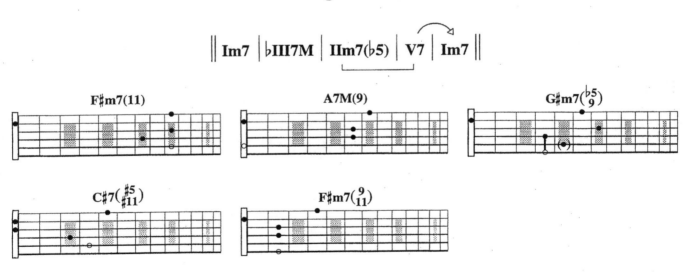

– Melodia descendente.
– A nota si (corda solta) é pedal.

Progressão 3

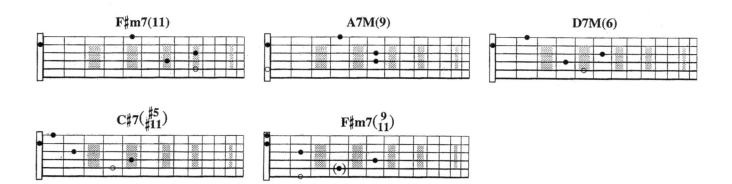

- Melodia descendente.
- A nota si (corda solta) é pedal.

Progressão 4

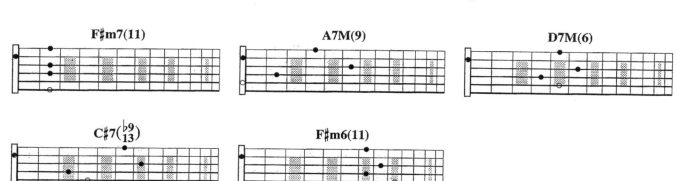

- Melodia ascendente.
- A nota si (corda solta) é pedal.

Progressão 5

$\| \text{Im7} \mid \flat\text{III7M}(\sharp 5) \mid (\text{subV7/V}) \mid \text{subV7} \mid \text{Im6} \|$

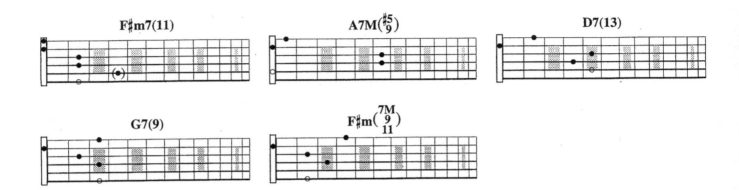

– Melodia ascendente e cromática.
– A nota si (corda solta) é pedal.

Progressão 6

$\| \text{Im7} \mid \text{IV7} \mid \flat\text{VI7M} \mid \text{V7} \mid \text{Im6} \|$

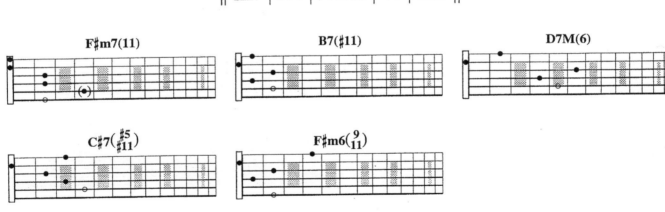

– Melodia ascendente e cromática.
– A nota si (corda solta) é pedal.

Progressão 7

|| Im7 | ♭III7M | IVm7 | ♭VI6 | ♭VII7 | VII° | Im7 ||

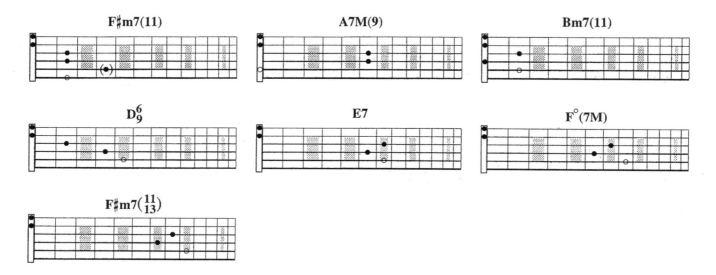

– Baixo ascendente.
– As notas mi e si (cordas soltas) são pedais.

Progressão 8

|| Im7 | ♭VII7 | ♭III7M | V7 subV7 | Im6 ||

Note que no quarto compasso aparecem dois acordes [C♯7($^{\sharp 9}_{\sharp 11}$) e G7(9)].

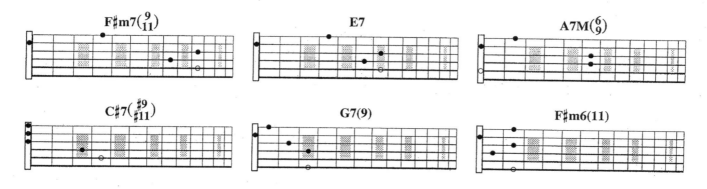

– A nota si (corda solta) é pedal.

- **sol menor**

Progressão 1

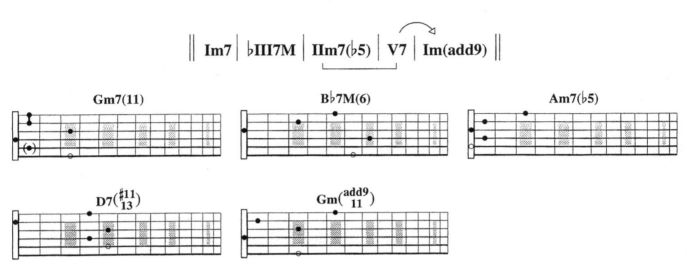

Progressão 2

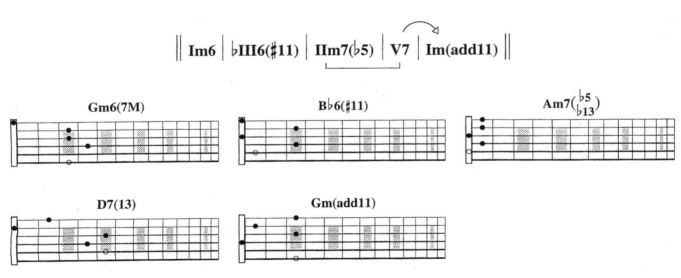

Progressão 3

$$\| \text{Im7} \mid \flat\text{III7M} \mid \flat\text{VI7M} \mid \text{subV7} \mid \text{Im7} \|$$

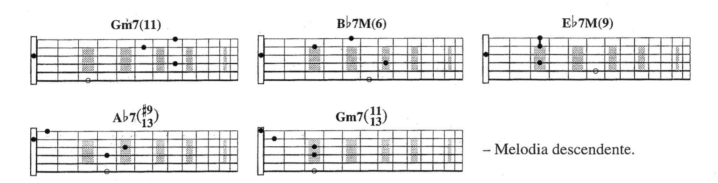

– Melodia descendente.

Progressão 4

$$\| \text{Im7} \mid \flat\text{VII7} \mid \flat\text{III7M} \mid \text{V7} \mid \text{Im(7M)} \|$$

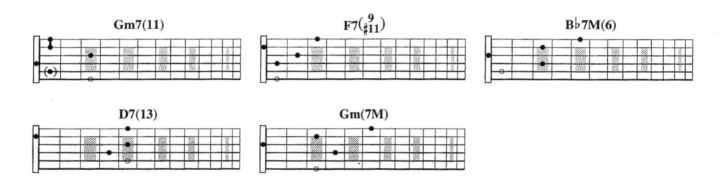

Progressão 5

$$\| \text{Im6} \mid \flat\text{III7M}(\sharp 5) \mid \text{IIm7}(\flat 5) \mid \text{V7} \mid \text{Im(7M)} \|$$

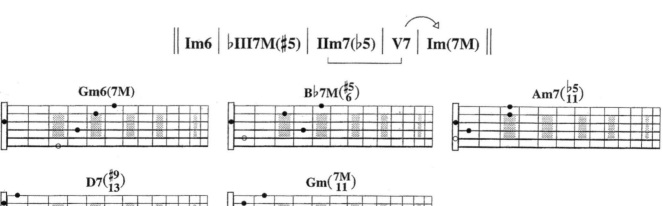

Progressão 6

$$\| \text{Im7} \mid \flat\text{III6}(\sharp 11) \mid \text{IV7} \mid \text{V7 subV7} \mid \text{Im6} \|$$

Note que no quarto compasso aparecem dois acordes [**D7(9)** e **A♭7($^{\sharp 5}_{\sharp 11}$)**].

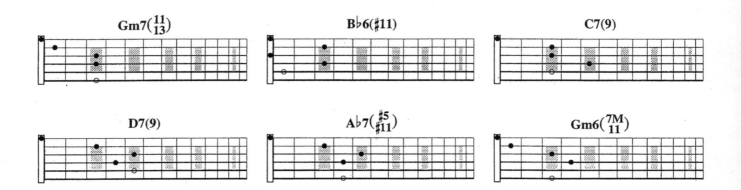

– A nota mi (corda solta) é pedal.

Progressão 7

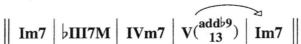

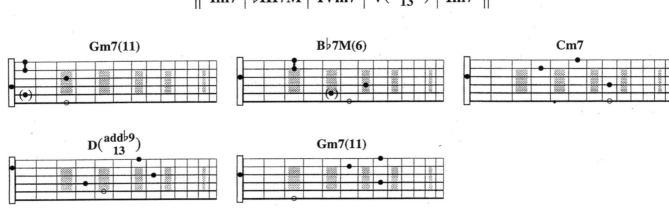

– Melodia ascendente.

Progressão 8

$$\| \text{Im}(^{add9}_{11}) \mid \flat\text{III7M} \mid \flat\text{VI7M} \mid \text{Vm7} \mid \text{Im6} \|$$

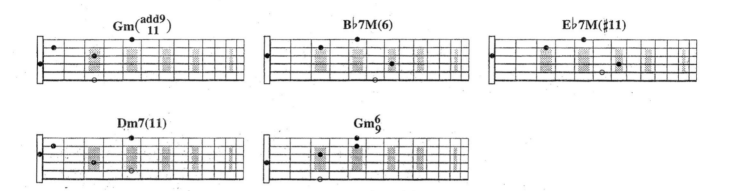

— A melodia é pedal.

- lá bemol menor (sol sustenido menor)

Progressão 1

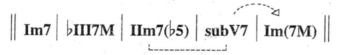

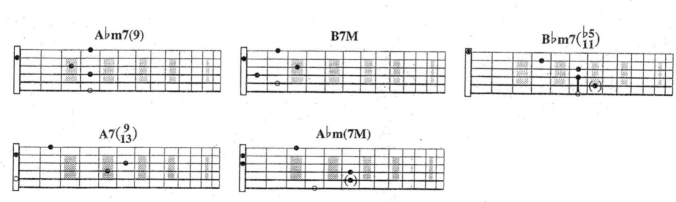

Progressão 2

|| Im7 | bIII7M | bVI7M | V7 | Im7 ||

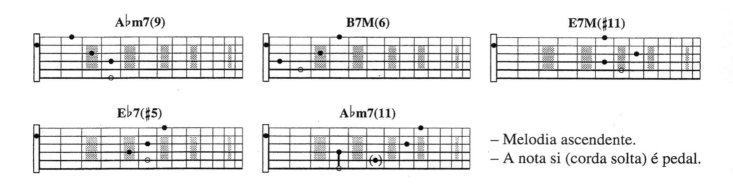

– Melodia ascendente.
– A nota si (corda solta) é pedal.

Progressão 3

|| Im6 | bIII7M | bVI(add9) | V7 | Im7 ||

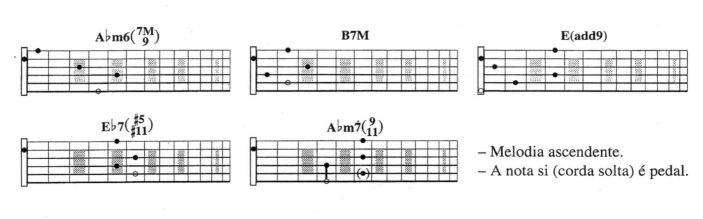

– Melodia ascendente.
– A nota si (corda solta) é pedal.

Progressão 4

|| Im7 | IV7 | bVI7M | V7 | Im(7M) ||

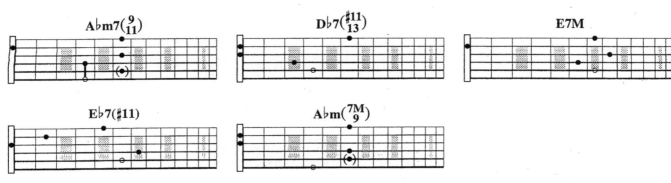

Progressão 5

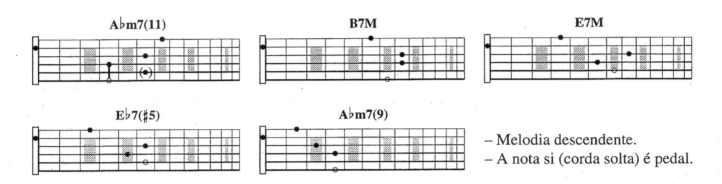

- Melodia descendente.
- A nota si (corda solta) é pedal.

Progressão 6

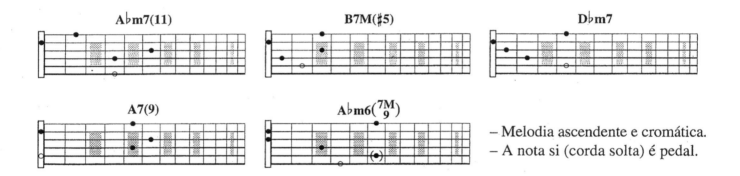

- Melodia ascendente e cromática.
- A nota si (corda solta) é pedal.

Progressão 7

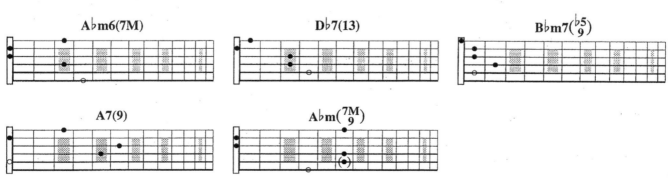

Progressão 8

$$\parallel \text{Im6} \mid \text{IVm7} \mid \flat\text{III7M}(\sharp 5) \mid \flat\text{VI6} \mid \text{VII}° \mid \text{Im(7M)} \parallel$$

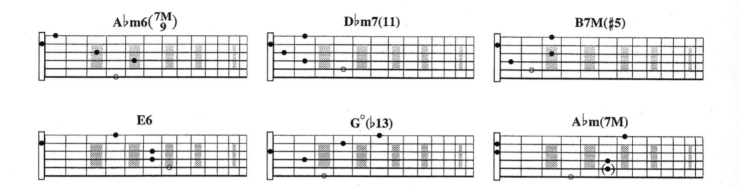

– Melodia ascendente.

- **lá menor**

Progressão 1

$$\parallel \text{Im7} \mid \flat\text{III7M} \mid \text{IIm7}(\flat 5) \mid \text{V7} \mid \text{Im7} \parallel$$

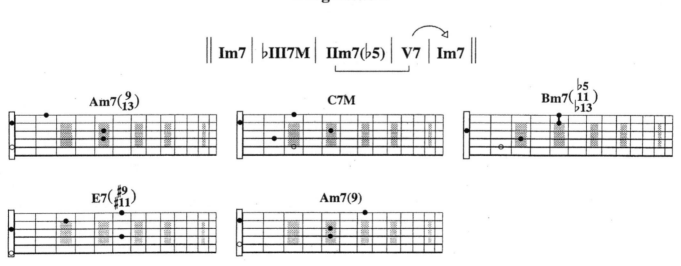

– Melodia ascendente.

Progressão 2

|| Im(add9) | bIII7M | bVI7M | V7 | Im7 ||

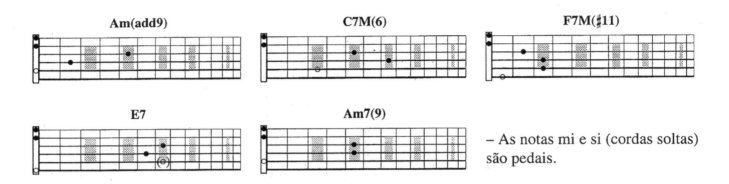

– As notas mi e si (cordas soltas) são pedais.

Progressão 3

|| Im7 | bIII7M | bVI7M | subV7 | Im6 ||

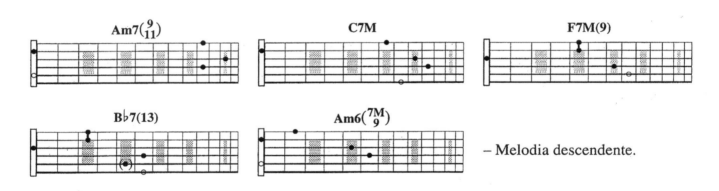

– Melodia descendente.

Progressão 4

|| Im7 | bIII7M(#5) | bVI7M | V7 | Im(7M) ||

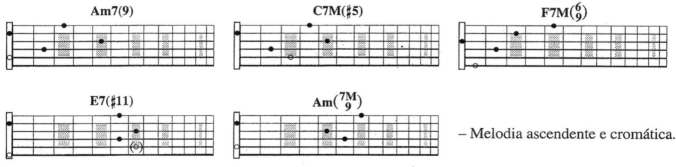

– Melodia ascendente e cromática.

Progressão 5

|| Im6 | ♭VII7 | ♭III7M | V7 | Im6 ||

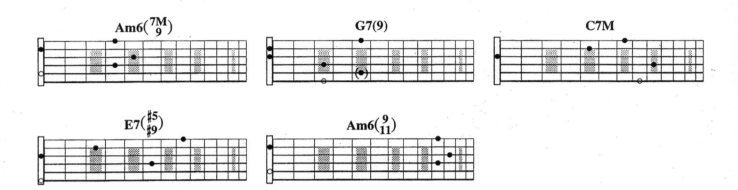

– Melodia ascendente.

Progressão 6

|| Im7 | ♭III7M(♯5) | ♭VI7M | VII° | Im(7M) ||

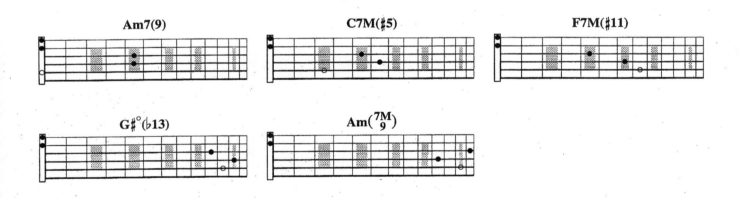

– Baixo ascendente.
– As notas mi e si (cordas soltas) são pedais.

Progressão 7

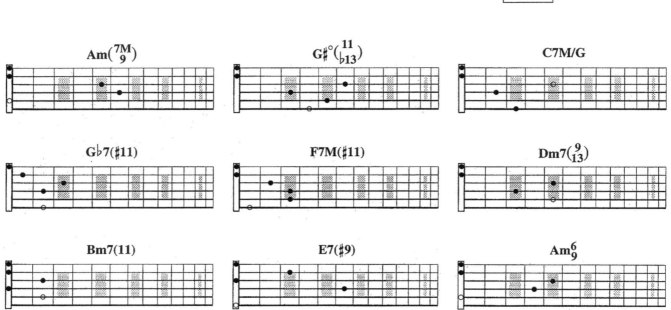

– A nota mi (corda solta) é pedal.

Progressão 8

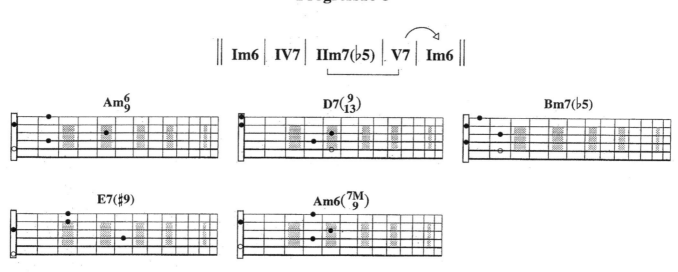

- **si bemol menor (lá sustenido menor)**

Progressão 1

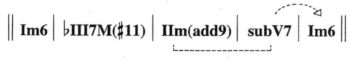

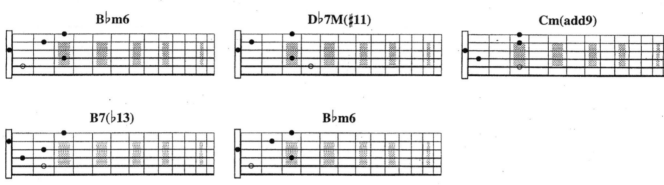

– Melodia pedal.

Progressão 2

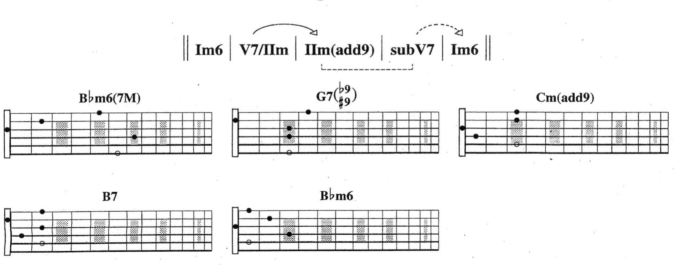

– Melodia descendente e cromática.

Progressão 3

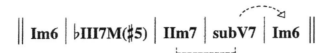

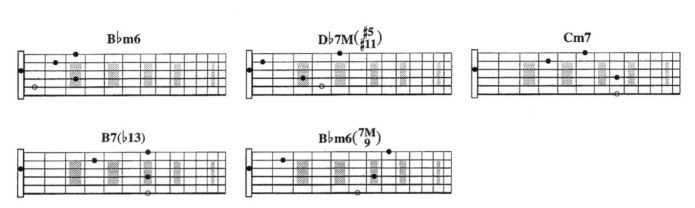

- Melodia ascendente.
- A nota sol (corda solta) é pedal.

Progressão 4

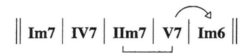

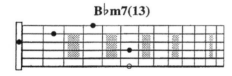
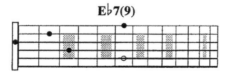
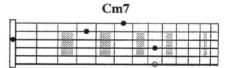

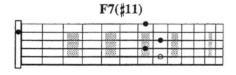
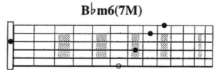

- si menor

Progressão 1

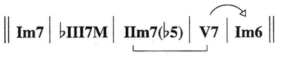

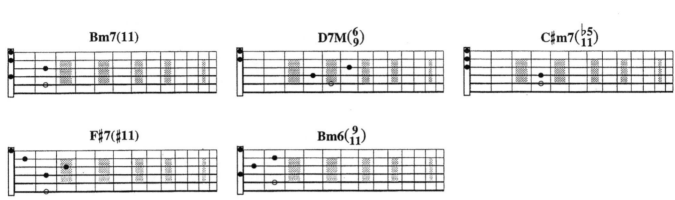

– A nota mi (corda solta) é pedal.

Progressão 2

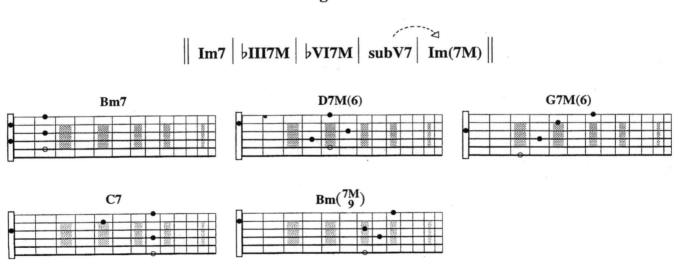

– Melodia ascendente.

Progressão 3

$$\| \text{Im7} \mid \flat\text{III7M} \mid \text{IVm7} \mid \text{subV7} \mid \text{Im6} \|$$

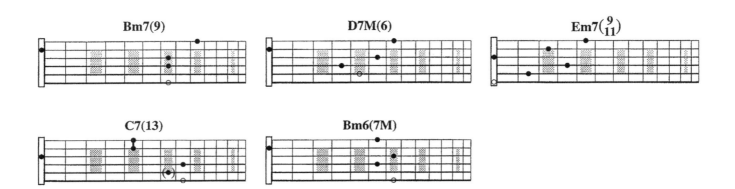

Progressão 4

$$\| \text{Im6} \mid \flat\text{III7M}(\sharp 5) \mid \text{IIm7}(\flat 5) \mid \text{VII}° \mid \text{Im(7M)} \|$$

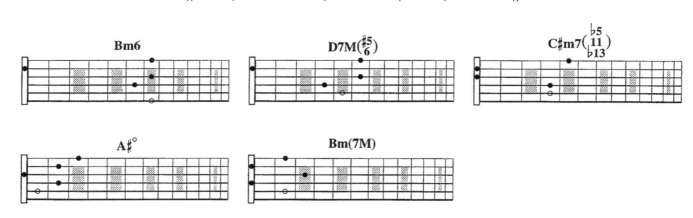

– Melodia descendente.

Progressão 5

$\parallel$ Im7 $\mid$ IV7 $\mid$ bIII7M $\mid$ (V7/IIm7(b5)) $\mid$ bVI7M $\mid$ V$_4^7$(b9) $\mid$ V7(add11) $\mid$ Im6 $\parallel$

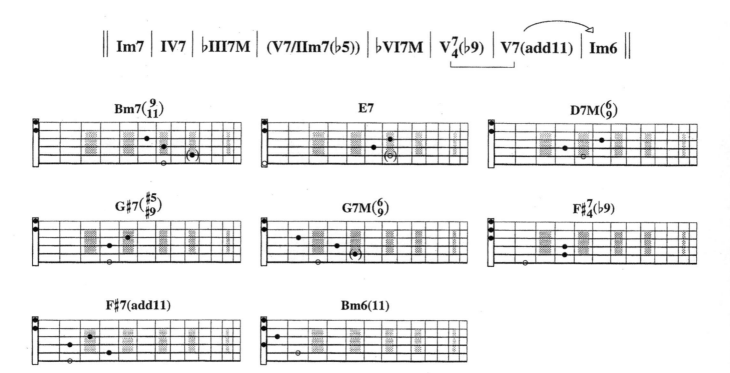

– As notas mi e si (cordas soltas) são pedais.

Progressão 6

$\parallel$ Im7 $\mid$ bIII7M($\sharp$5) $\mid$ bVI6 $\mid$ V7 $\mid$ Im(7M) $\parallel$

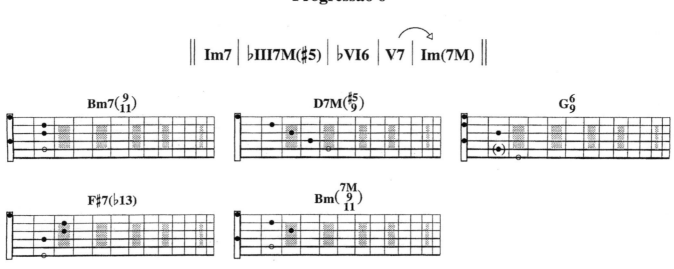

– A nota mi (corda solta) é pedal.

Progressão 7

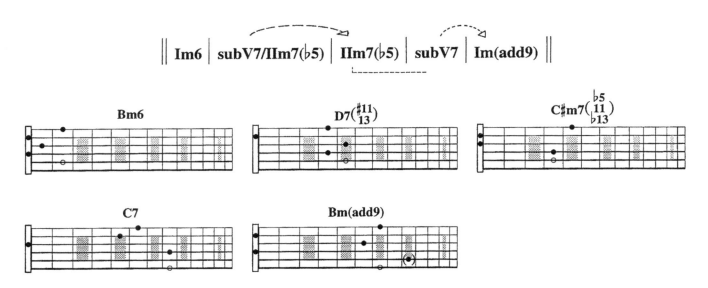

— Melodia ascendente.

Progressão 8

Note que no quarto compasso aparecem dois acordes [C#m7($^{b5}_{11}$) e F#7($^{b9}_{\#11}$)].

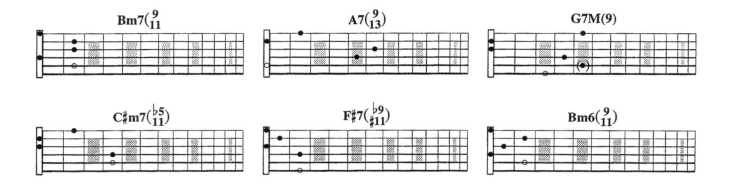

BIBLIOGRAFIA

CHEDIAK, Almir. *Dicionário de acordes cifrados*. São Paulo, Irmãos Vitale, 1984.

FARIA, Nelson. *The Brazilian guitar book*. Petaluma, Sher Music Co., 1995.

GREENE, Ted. *Chord chemistry*. Nova York, Dale Zdnek Publications, 1971.

GREENE, Ted. *Modern chord progressions*. Nova York, Dale Zdnek Publications, 1976.

ESCHETE, Ron. *Melodic chord phrases*. Washington, REH Publications, 1983.